Francisco Sávio Rypl

PAIZA ANA COM UM ABRAÇO E ESTA RECORDAÇÃO DO BRASIL.

Francisco Rypl
16/02/16

É POR ISSO QUE O BRASIL NÃO VAI

PORTO ALEGRE 2016

© Francisco Sávio Rypl, 2006

Capa:
MARCO CENA

Diagramação:
NATHALIA REAL

Supervisão editorial:
PAULO FLÁVIO LEDUR

Editoração eletrônica:
LEDUR SERVIÇOS EDITORIAIS LTDA.

CIP-BRASIL. CATALOGAÇÃO NA FONTE
SINDICATO NACIONAL DOS EDITORES DE LIVROS, RJ

R991e   Rypl, Francisco Sávio
         É por isso que o Brasil não vai / Francisco Sávio Rypl. 2. ed. – Porto Alegre, RS : AGE, 2016.

         14x21cm. ; 152p.
         ISBN 85-7497-305-X

         1. Corrupção na política – Brasil. 2. Corrupção administrativa – Brasil. 3. Brasil – Política e governo. 4. Ética política. I. Título.

         06-2151.   CDD 320.981
                            CDU 32(81)

Reservados todos os direitos de publicação à
LEDUR SERVIÇOS EDITORIAIS LTDA.
editoraage@editoraage.com.br
Rua Valparaíso, 285 – Bairro Jardim Botânico
90690-300 – Porto Alegre, RS, Brasil
Fone/Fax: (51) 3061-9385 – (51) 3223-9385
vendas@editoraage.com.br
www.editoraage.com.br

Impresso no Brasil / Printed in Brazil

Prefácio

Vivemos os últimos trinta anos no Brasil sob um sistema democrático. E a democracia está nos levando ao retrocesso econômico. Devemos, então, abdicar da democracia? Obviamente que não, pois só a democracia ensina a encontrarmos o caminho que nos levará ao sucesso econômico. É errando que se aprende. Nós, liberais, repudiamos qualquer tipo de ditadura, seja de direita, seja de esquerda. Estamos convictos de que o progresso material só é possível com plena liberdade política e econômica. É claro que a vida não se traduz apenas em sucesso material, mas quando há alguém passando necessidades todos clamam por ajuda, até o Papa. Uma vida terrena tranquila pressupõe, portanto, a satisfação das necessidades materiais. Isso é o que o liberalismo se propõe a possibilitar para toda a população.

Atualmente estamos elegendo políticos populistas e demagogos que nos prometem quase tudo sem que precisemos fazer quase nada. É óbvio que isso não tem sustentação. É o distributivismo assistencialista, a tentativa de imposição do igualitarismo, a irresponsabilidade fiscal dos governantes, o intervencionismo econômico e a promessa de vida fácil e sem esforço que nos levam às crises econômicas. A maioria do povo ainda não compreende o mundo em que vivemos: como funciona o sistema monetário; como funcionam as leis de mercado; como funciona o sistema de preços; a importância dos empreendedores; a importância da acumulação de capital; como os políticos interferem e sabotam o funcionamento do livre mercado. Muitos são contra o livre mercado, mesmo os de boa-fé, por falta de conhecimento.

Espero que a leitura deste livro possa jogar um pouco de luz sobre os caminhos a serem escolhidos pela população. Acredito que a mudança deva emergir de um melhor entendimento sobre o funcionamento do livre mercado por parte do grosso da população, ou seja, a mudança, para ser consistente, deve vir de baixo para cima. O Estado não é um criador de riquezas, como quer fazer crer a esquerda brasileira. Ele é, sim, como está hoje, um desmotivador, um criador da cultura do menor esforço, um exportador (espantador) de cérebros e um destruidor de riquezas. Mas a política brasileira, respaldada pelo povão, deposita muita fé e responsabilidade no Estado. Os intervencionistas insistem em que o aumento de impostos seja benéfico ao país. É essa mentalidade que precisamos modificar, se quisermos, de verdade, ser um País evoluído política e economicamente. Talvez seja uma utopia, mas a maioria das pessoas precisa compreender o sistema no qual está inserida. Caso contrário será sempre vítima dos políticos sem caráter. O eleitor precisa compreender o funcionamento básico da economia de mercado para não se deixar enganar por políticos populistas e demagogos. Precisa compreender que os políticos devem ficar afastados da economia, afastados das montanhas de dinheiro que circulam nas grandes empresas.

    O objetivo deste livro é ajudar a divulgar as ideias liberais. Trinta anos atrás talvez houvesse pouco mais de meia dúzia de pessoas no Brasil que conhecessem o liberalismo/capitalismo. Por esse longo tempo o País vem se arrastando e afundando com a aplicação de ideias errôneas, ideias anticapitalistas. Hoje as ideias liberais capitalistas estão cada vez mais sendo divulgadas através da literatura tradicional e das redes sociais. Quando essas ideias forem entendidas pela maioria da população, o Brasil terá futuro. Espero que quando terminar de ler este livro você tenha condições de *enxergar* a "mão invisível" de Adam Smith.

Sumário

Introdução 7
Os preços 13
As consequências dos controles de preços 20
A ganância 29
Os monopólios 35
A acumulação de capital 39
A acumulação individualista e a consequência coletiva 47
A moeda 63
A igualdade e a desigualdade 76
O sistema intervencionista 84
A empresa estatal no sistema intervencionista 91
A corrupção 97
O sistema socialista /comunista 105
O sistema liberal /capitalista 112
Os últimos 80 anos do Brasil 125
A meta dos socialistas / comunistas brasileiros 136
Os formadores de opinião 143
Conclusão 149
Bibliografia 152

Introdução

Os rumos da humanidade, desde os primórdios da civilização, foram motivo de preocupação para os pensadores, os quais, ao longo do tempo, tentando encontrar o melhor caminho, dedicaram toda a sua existência ao estudo do comportamento humano relacionado às atividades políticas e econômicas. As teorias estão enunciadas e os experimentos foram executados. Não há quase nada de novo a ser acrescentado às discussões político-ideológicas. Precisamos, agora, utilizar essa experiência adquirida para evitarmos os erros cometidos repetitivamente pelos povos e seus governantes do mundo afora. Estamos passando por um momento histórico crítico, no qual se observa o final de um ciclo de experimentos sociais. E, agora, cabe a nós escolhermos entre as ideias (ideologias) que promoveram a prosperidade e as que conduziram várias nações ao atraso econômico e social em diversas partes do Planeta. Já não é suficiente, hoje em dia, nos debruçarmos somente sobre o estudo das abstrações teóricas, mas também sobre a análise dos resultados. Tudo na vida é comparação. Necessitamos de referências. Não se pode, simplesmente, dizer que alguma ideia ou algum resultado são bons. A indagação cabível é: são bons em relação a quais resultados e a quais ideias?

Jamais a experiência humana na Terra esteve tão bem suprida de fórmulas que tentaram o seu desenvolvimento, nem tão bem suprida de dados estatísticos como neste nosso tempo, e nunca foi tão fácil escolher a fórmula de melhor viabilidade, devido à nítida diferença de resultados obtidos em cada sistema utilizado.

Por não se tratar de uma ciência exata (exata é a contabilidade) e por ser de resultado imprevisível – porque depende da ação das pessoas (consumidores) comprando ou deixando de comprar qualquer mercadoria que esteja em venda –, a economia nos leva a polêmicas intermináveis, entrelaçando-se às discussões políticas. A vida em sociedade, embora seja quase impossível viver fora dela, é complicada devido às imperfeições do ser humano. Diferentemente do restante dos outros animais que habitam o Planeta, cuja capacidade de organização está determinada e limitada geneticamente – como as abelhas e os cupins –, o homem, dotado de sua capacidade intelectual, busca, ao longo da História, maneiras de progredir e conviver harmoniosamente, sempre através de algum tipo de cooperação social. As vertentes de pensamento sinceras e bem-intencionadas almejam o mesmo fim, isto é, o bem-estar, o progresso e a paz para todas as pessoas. O que distingue algumas ideias de outras são os meios recomendados para se chegar aos fins, e os próprios fins alcançados em cada uma delas na justa medida dos resultados. Porém, um pouco de perspicácia é necessário na identificação de causas e efeitos, rótulos e conteúdos para não cairmos no equívoco de uma simplificação grosseira.

No atual momento da História, se observarmos o Planeta sob uma ótica espacial, veremos diferentes estágios de desenvolvimento em variadas regiões. Há países muito ricos e outros muito pobres. Essas diferenças de riqueza devem ser atribuídas a quê? Às diferenças climáticas? Ao espírito laborioso de cada povo? Às diferenças de solo? Ao acaso? Ao destino? Ou à vontade de Deus? Alguns desses fatores também interferem no resultado, mas estão descartados como argumentos principais, porque não são causas determinantes, uma vez que tivemos e ainda temos povos de uma mesma raça em uma mesma região divididos apenas por sistemas político-econômicos diferentes, como foi o caso da Alemanha – Alemanha Ocidental e Alemanha Oriental – e da Coreia do Sul e do Norte –, para citar apenas dois casos. O nível de vida observado, a renda *per capita* e o desenvolvimento mostrados pelos indicadores econômicos e sociais em cada lado do muro de Berlim eram incomparáveis antes da sua derrocada. Além da questão material, há que se levar em consideração o regime de brutal servidão vivido no lado oriental em comparação ao clima de liberdade do lado ocidental. A comparação entre Coreia do Sul e Coreia do Norte também é muito ilustrativa por se tratar de um único povo – o coreano – e de um único país – a Coreia. O país foi dividido em duas partes – uma capitalista e outra socialista – e vivenciando situações iguais a partir de 1948, quando cada uma obteve, a partir de então, resultados econômicos e sociais nitidamente distintos. É evidente que existe uma explicação lógica para resultados tão contrastantes. A diferença está nas políticas econômicas aplicadas em cada lado do muro, em cada Coreia, assim como em cada país em todas as partes deste Planeta. São as políticas econômicas adotadas em cada país que vão determinar o seu nível de desenvolvimento. Quanto mais liberais forem essas políticas, mais alto será o padrão de vida da população e quanto mais intervenção econômica governamental, maior será a pobreza. Obviamente, a não adesão à globalização, ou os entraves criados pelos governos ao comércio internacional, principalmente no mundo acelerado de hoje, contribuem para acentuar, exponencialmente, as diferenças econômicas entre os países ricos e os países pobres.

 O que pretendo, aqui, é demonstrar de forma simples e objetiva – porque nas democracias são os cidadãos que decidem os destinos das nações através do voto –, as diferenças básicas entre o socialismo intervencionista e o capitalismo liberal. Pretendo demonstrar que o intervencionismo e o socialismo/comunismo, além de toda a ordem de humilhação a que submetem os seres humanos, são sistemas que não conseguem produzir resultados econômicos nem para satisfazer as necessidades materiais básicas da população. Se isso não é verdade, então por que os russos e a maioria dos países socialistas/comunistas abandonaram ou estão abandonando esses sistemas? Pretendo demonstrar que, além da direita inconsequente e da esquerda desalumiada, que se fundem e se confundem em muitos aspectos, existe a alternativa do liberalismo/capitalismo – doutrina que não se identifica nem com os rótulos da esquerda nem com os da direita – como fórmula de promover o desenvolvimento de um país de maneira consistente, sustentável, real, sem demagogia ou hipocrisia. O que mais me preocupa é que o Brasil, além de muitos outros países, reluta em abandonar o modelo intervencionista de receitas socialistas que caracterizaram quase toda sua vida econômica contemporânea, principalmente após a imposição do Estado Novo na década de 30 até os dias atuais.

Os argumentos apresentados neste trabalho não são apenas de críticas ao socialismo/comunismo e ao intervencionismo, na análise de cada questão, como é o costume dos socialistas/comunistas em relação ao capitalismo, mas, principalmente, procuram demonstrar o tratamento e as soluções dadas pelo liberalismo/capitalismo à mesma questão.

Existem três principais sistemas político-econômicos mais usados em todo o mundo na contemporaneidade, a saber: 1) sistema liberal/capitalista; 2) sistema misto, ou intervencionista, ou social-democracia, ou terceira via e; 3) sistema socialista/comunista.

Convém ficarmos atentos, no entanto, para os conteúdos com rótulos trocados. O Brasil, por exemplo, nas últimas décadas, é apontado como um país capitalista, mas na realidade sofre uma forte dose de estatização e intervencionismo. A França do período Mitterrand foi considerada socialista, no entanto, com uma economia de mercado mais desenvolvida que a brasileira e menos estatizada. Assim, a ideia repassada pelos formadores de opinião ao cidadão comum desinformado é de uma França socialista e rica, e de um Brasil pobre capitalista. Equívocos dessa natureza serão desfeitos no decorrer deste trabalho.

Antes de todos os argumentos que serão apresentados aqui, cujo propósito é revelar a verdadeira face do intervencionismo e do socialismo/comunismo, e para que se tenha uma ideia dos resultados econômicos e sociais alcançados em cada sistema político-econômico, observemos o argumento mais incontestável de todos, que são os dados de todos os países à disposição no *site* do Banco Mundial e que pode ser acessado por quase toda a população mundial. Infelizmente as populações dos países socialistas/comunistas são proibidas de acessar a internet e não podem fazer as comparações, mas você que é brasileiro por enquanto ainda pode. Aproveite enquanto o PT não implantar o socialismo por aqui e proibir o livre acesso às redes sociais. O endereço é www.worldbank.org/data/countrydata/countrydata.html. Indicadores como expectativa de vida, mortalidade infantil, renda *per capita*, escolaridade, entre outros, são tanto mais favoráveis quanto mais capitalista for o país. Isso está corroborado. E percebe-se também uma rápida evolução desses indicadores nos países mais capitalistas, enquanto que nos países socialistas e intervencionistas percebe-se a estagnação desses números estatísticos no decorrer do tempo, distanciando cada vez mais os países ricos (capitalistas) dos países pobres (socialistas/comunistas e intervencionistas). Enquanto na Coreia do Sul (capitalista) a renda *per capita* subiu de 8.500 dólares, em 1998, para 14.000 dólares em 2004, no Brasil (intervencionista) essa renda caiu de 4.630 dólares para 3.000 dólares durante o mesmo período. A expectativa de vida na Coreia do Sul subiu nesse período de 72,6 anos para 77,1 anos, e na Coreia do Norte (socialista/comunista) de 63,3 anos para apenas 63,6 anos.

Para absorver plenamente a mensagem que será passada aqui, é preciso desarmar o espírito do preconceito anticapitalista, impregnado em nosso subconsciente por efeito de uma propaganda enganosa e repetitiva engendrada pelos inimigos do capitalismo através da mídia, dos professores de ensino fundamental e universitário engajados na causa socialista, de grande parte dos artistas, de parte da Igreja Católica, dos sindicatos, dos partidos políticos de esquerda e de outros utópicos formadores de opinião. É necessário esquecer as "frases feitas" da lavagem cerebral a que tentam nos submeter diariamente. Para tanto, use o **seu próprio** cérebro e faça uma interpretação e uma análise isenta da emoção política e do preconceito econômico. Nas questões de economia, mais sensato do que ouvir as lamúrias emocionadas do coração, é obedecer a voz consciente da razão. Quantas vezes na vida temos de ser duros com nossos próprios filhos com o objetivo de ensinar-lhes o árduo caminho do sucesso?

A ideologia socialista dos partidos ditos de esquerda se diz, através de seus pregadores, capaz de resolver o problema da miséria do nosso País, aumentando a intervenção econômica e a presença do Estado na economia. Mas quem tem oportunidade de comparar os indicadores econômicos e sociais de todos os países, e que não seja birrento, facilmente constata que, em longo prazo, a aplicação da ideologia intervencionista do socialismo/comunismo só pode conduzir ao aumento da pobreza. Analisados os dados, há que se buscar as explicações. Tentarei fazer isso nos capítulos seguintes.

Os preços

Para que se possa criticar qualquer coisa que, do nosso ponto de vista, esteja sendo conduzida de maneira equivocada, é necessário que se apresente uma alternativa, para que se execute de outro modo. Do ponto de vista liberal/capitalista, é errado, contraproducente e prejudicial à população de um país o congelamento, o tabelamento ou o controle de preços das mercadorias, recomendados pelos adeptos do intervencionismo e do socialismo/comunismo. Mas não basta dizer que está errado. É necessário que se demonstre com argumentos convincentes, de que maneira a interferência do governo é prejudicial ao sistema de preços. Mostrar também que há uma maneira mais inteligente e que dá resultados muito mais compensadores para toda a população. Isto é o que será demonstrado nesta argumentação anti-intervencionista sobre o tema *preços*.

Adam Smith (1776) nos diz que, em um sistema de mercado livre, ou seja, em um sistema capitalista, para um determinado produto, teoricamente, existem dois preços: o preço natural e o preço de mercado.

Teoricamente, o preço natural é de tal valor que seja suficiente para pagar todos os custos de produção, os custos de comercialização, os impostos e um lucro que não seja tão pequeno a ponto de desestimular o produtor nem tão alto que desestimule o consumo, o que pode ser chamado de lucro normal.

Já o preço de mercado depende do número de fornecedores concorrendo entre si, da quantidade total produzida e do número de consumidores dispostos a pagar o preço natural de tal produto.

O sistema de preços consiste em um processo dinâmico, no qual o preço de cada produto colocado no mercado está sujeito a variações constantes. É a velha lei da oferta e da procura. Convém ressaltar, antes de mais nada, que, para demonstrar o funcionamento desse sistema, estamos falando de uma sociedade capitalista, na qual existem várias classes sociais com diferentes níveis de renda. Aqui neste ponto o socialista sectário interrompe a leitura deste texto. Dirá que no sistema que ele defende não existem classes sociais. Que tudo é lindo e igualitário e que todos têm o mesmo *direito*. Mas ele esquece que não somos animais gregários. Somos seres superiores. Não aceitamos viver em rebanhos ou em colmeias. E é precisamente essa inconformidade, essa diferença inata entre os indivíduos que faz o mundo evoluir. Alguns tomam a iniciativa de ir à frente encarando os perigos, abrindo as picadas na mata virgem rumo ao desconhecido, enquanto outros se contentam em ir atrás com mais segurança, e outros ainda preferem ficar pelas sombras descansando.

Tomemos um instante no meio do processo do sistema de preços em que um produto esteja sendo, por um motivo qualquer, comercializado por um preço de mercado acima do preço natural, o que proporciona aos fornecedores um lucro acima do normal. Isso encoraja os fabricantes a retirarem uma parte do capital que está investido em outro produto que esteja proporcionando um lucro menor e investirem no produto que está com um lucro maior, aumentando a sua produção. Porém, há um determinado número de consumidores dispostos a pagar o preço praticado, que permaneceu o mesmo; então, em um segundo momento, haverá uma sobra dessa mercadoria, que só será vendida se for por um preço mais baixo, fazendo com que o preço médio de mercado caia, digamos, abaixo do preço natural, e o lucro caia abaixo do normal, o que desencoraja os fabricantes a manter a produção. A produção é, então, diminuída. Assim como antes, há o mesmo número de consumidores dispostos a pagar o preço natural, mas não há mercadoria para todos; então o preço de mercado sobe novamente, tendendo a se aproximar ou até ultrapassar o preço natural, dependendo do índice de diminuição da produção. E assim sucessivamente, nessa gangorra de oscilações cada vez menores, até que o preço de mercado coincida com o preço natural e a produção seja exatamente igual à demanda, o que proporciona um fluxo normal e *aparentemente* estabilizado entre produção e consumo.

Consequentemente, em um regime de livre concorrência, ou seja, em um sistema capitalista segundo o smithismo, o preço de mercado de cada produto oscila em um equilíbrio dinâmico em torno do preço natural, tendendo sempre a se igualar a ele. Nas palavras de Smith, "o preço de mercado gravita em torno do preço natural". Se qualquer um dos três fatores – produção, preço ou consumo – for alterado, ocasionará alteração nos outros dois.

Vamos analisar um produto cujo preço de mercado esteja coincidindo com o preço natural. Se houver um aumento na produção e o preço de mercado for mantido, considerando que o número de consumidores dispostos a pagar o preço natural também será mantido, então haverá uma sobra dessa mercadoria. Mas ninguém é louco para jogar a sobra no lixo. A saída, então, é baixar o preço de mercado. Assim, com o preço de mercado abaixo do preço natural, aumentará o número de consumidores. A sobra da mercadoria será, então, consumida.

Analisemos o mesmo produto com coincidência entre preço de mercado e preço natural, mas agora com diminuição da produção. Se a produção for diminuída e o preço de mercado mantido, considerando que o número de consumidores dispostos a pagar o preço natural será o mesmo, então não haverá mercadoria suficiente para todos os consumidores dispostos a pagar o preço natural, o que ocasionará uma concorrência entre consumidores dispostos a pagar um preço acima do natural e fará o valor de mercado subir mais do que o preço natural.

Vamos analisar, agora, o mesmo produto com coincidência entre preço de mercado e preço natural, porém, em um segundo momento, alterando-se o preço de mercado. Se a produção for mantida e o preço de mercado for aumentado além do preço natural, haverá um número menor de consumidores dispostos a pagar o novo valor, o que provocará o encalhe da mercadoria, forçando, em um segundo momento, o preço de mercado a ficar abaixo do preço natural, até que a produção excedente seja desovada, para novamente o preço de mercado coincidir com o natural.

Se a produção for mantida e o preço de mercado estiver diminuído abaixo do preço natural, haverá um número maior de consumidores dispostos a pagar o novo preço, o que provocará escassez da mercadoria, ocasionando a concorrência entre os consumidores dispostos a pagar um preço acima do preço natural. Haverá falta da mercadoria. Quando o preço de mercado for equiparado ao preço natural, o abastecimento voltará ao normal.

Portanto, o preço de mercado, que tende a se igualar, **sempre**, ao preço natural, desde que haja concorrência, é de tal valor que permite o fluxo normal dos produtos em venda. Qualquer valor arbitrado fora do preço de mercado ocasionará ou a falta ou a sobra de tal produto, dependendo se o preço estiver tabelado abaixo ou acima do valor de mercado, respectivamente.

Vamos simular uma situação extremada e absurda para ilustrar o funcionamento do sistema de preços. Digamos que haverá uma partida de futebol entre Grêmio e Internacional valendo a final do campeonato gaúcho. Os dirigentes dos dois clubes resolveram colocar o preço do ingresso em R$ 1.000,00. Todos concordamos, inclusive os socialistas e comunistas hão de concordar, que o estádio ficará vazio e as bilheterias, abarrotadas de ingressos. Os dirigentes perceberam isso e, partindo para o outro extremo, fixaram o preço do ingresso em R$ 1,00. Todos concordamos, novamente, que os ingressos serão disputados no tapa, a polícia terá de intervir e organizar a venda, e ainda sobrarão filas intermináveis de gente ansiosa por adquirir um ingresso. Qual será, então, o preço correto do ingresso para tal espetáculo? Será de um valor tal que encha o estádio, não fique ninguém do lado de fora pretendendo entrar, e não sobre nenhum ingresso nas bilheterias. Este seria o preço de mercado. Os dirigentes dos clubes já sabem, por especulações anteriores, o valor de mercado aproximado para o ingresso. No entanto, acertar o valor exato é praticamente impossível, porque o mercado é dinâmico e composto de uma infinidade de variáveis, mudando a cada dia, a cada hora e a cada minuto. Nesse momento, vislumbrando a oportunidade de lucrar, podem entrar em ação os chamados *cambistas*, que são pessoas simples e muitos até semianalfabetos, porém perceberão, caso o preço tenha sido colocado abaixo do preço de mercado. Comprarão, antecipadamente, pelo preço estipulado e venderão pelo preço de mercado. Se o preço tiver sido colocado acima do preço de mercado, não haverá a interferência dos *cambistas*, e o estádio não lotará. Se o preço tiver sido colocado em coincidência com o preço de mercado, os cambistas terão enormes dificuldades para se livrar dos voláteis ingressos adquiridos antecipadamente, e talvez tenham de abrir mão do lucro ou até amargar algum prejuízo.

Mesmo nesses casos em que não há concorrência direta entre produtos semelhantes (não há outra partida de futebol no mesmo horário nas proximidades), o mercado não deixa de funcionar. Muita vez o torcedor adia o corte do cabelo ou a compra de uma roupa nova e escolhe assistir a uma partida de futebol ou a um outro espetáculo, caso o preço lhe seja mais atraente. O indivíduo está, neste caso, praticando o conceito econômico capitalista dos recursos escassos diante de necessidades ilimitadas, sempre terá de fazer escolhas. Com essas suas ações cada consumidor está, digamos, opinando e interferindo nesse complexo e fascinante sistema interativo – que independe dos meios de comunicação convencionais criados pelo homem –, chamado de sistema de preços de mercado.

Quando Einstein disse que tudo é relativo, ele se referia às leis da Física, mas nas questões de preço também existe a relatividade. O preço de cada produto colocado à venda está relacionado ao universo de milhares de outras mercadorias e a milhões de pessoas interessadas ou não nessa mercadoria, serviço ou espetáculo, no qual a ação de um único indivíduo altera o preço de mercado, mesmo que isso seja imperceptível, sem um cálculo mais apurado, tal como ocorre na curva da luz quando passa próximo da ação gravitacional de um planeta.

Se o jogo for entre Grêmio ou Internacional e um time do interior, o preço de mercado do ingresso será menor, porque o interesse será menor. E assim cada espetáculo tem um preço de mercado para o seu ingresso, dependendo da relativa qualidade, do sucesso dos artistas envolvidos – segundo a avaliação do público (povo) – e do tamanho da casa onde será apresentado. Há artistas que não lotam um bar, e há artistas para o qual um estádio é pequeno. Um *show* de um artista desconhecido tem um preço de mercado; do Chico Buarque tem outro; do Roberto Carlos, outro; e da Madonna ainda um outro preço. Se em um *show* de qualquer artista não houver a ação dos *cambistas*, é sinal de que o preço do ingresso está acima do preço de mercado, ou igual a ele. Significa que o *show* de tal artista pode estar valendo menos do que ele pensa que vale. Os *cambistas* executam, inconscientemente, por assim dizer, um ajuste fino do preço de mercado, se for necessário. Os artistas e os seus empresários também possuem essa sensibilidade mercadológica – *a ganância* – e vendem seus ingressos e seus *shows* pelo maior preço que puderem, mesmo os que são adeptos das ideias socialistas/comunistas. Ao contrário do que prega Marx, que pretende atribuir valores arbitrários às coisas, Mises diz que o valor das coisas é subjetivo e depende da avaliação e do interesse dos consumidores.

Analisando um outro exemplo, vamos supor que um açougueiro abata um boi e coloque o preço do quilograma de carne a um mil reais. Ninguém adentrará ao seu estabelecimento para comprar carne.

Agora, em outra situação, suponhamos que o açougueiro passe a vender a carne a dez centavos o quilograma. Haverá uma fila enorme de consumidores em seu estabelecimento.

Em nenhum dos dois casos o preço da carne está correto. E qual a medida? Quem determinará qual é o preço correto do quilograma de carne? Certamente não será nenhum burocrata do governo. O preço mais adequado para que não haja nem açougue com falta de fregueses, nem filas intermináveis, será determinado pela regulagem automática do mercado.

As oscilações naturais dos preços, seja de produtos de primeira necessidade, seja de supérfluos, seja de espetáculos artísticos, seja de mão de obra, seja de um quilo de carne, não podem ser substituídas pela manipulação dos governos e seus burocratas, porque o mercado se assemelha a um organismo cibernético que responde às ações (escolhas) de cada indivíduo da sociedade a todo instante. Nem o mais poderoso e avançado computador jamais será capaz de prever as preferências dos consumidores.

As consequências dos controles de preços

Existem duas possibilidades de haver variações bruscas em alguns dos três fatores – produção, preço e consumo – analisados: natural e artificialmente.

1. Naturalmente – No fator produção pode haver uma quebra de safra em determinado produto em consequência da falta de chuvas, ocasionando escassez e consequente alta do preço de mercado acima do preço natural. Por outro lado, pode haver uma supersafra, ocasionando abundância e consequente baixa do preço de mercado abaixo do preço natural do mesmo produto. Nos fatores preço e consumo não há causas naturais consideráveis que possam efetuar variações bruscas.

2. Artificialmente – Nos fatores produção e consumo não há como se interferir diretamente para provocar variações bruscas, a não ser em caso de guerra, porém indiretamente isso é possível através da manipulação do preço, visto que os três fatores interagem entre si.

Vamos analisar, então, quais as consequências da manipulação artificial dos preços por parte do governo. Digamos que um determinado produto esteja sendo comercializado pelo seu preço natural, mas o governo resolveu tabelar esse produto a um preço arbitrado acima daquele que está sendo praticado pelo mercado. Se os produtores cumprirem a determinação do governo, as vendas cairão e a produção será diminuída, pois existirá um número menor de consumidores para o preço tabelado. Essa é uma situação hipotética e absurda, pois o governo nunca tabela preço acima do de mercado; e se por erro o fizer, os próprios produtores se encarregarão de vender pelo preço de mercado. O único preço que se o governo tabelar acima do preço de mercado terá de ser cumprido, pela exigência da legislação trabalhista, é o preço do salário. Mas neste caso quem consome é o empregador. O empregador é um consumidor de mão de obra. Se o preço da mão de obra sobe artificialmente e não há colocação para todos os trabalhadores, teria que se diminuir a produção de gente como se faz com a produção de outros produtos. Mas isso é impossível. Isso só foi feito nos regimes nazistas, socialistas e comunistas onde as pessoas foram eliminadas para tentar fazer com que os planos desses sistemas parecessem funcionar. Mas num país que não seja refém desses sistemas nefastos não se pode controlar o número de pessoas que precisam trabalhar. Então, o resultado disso é que aumentará o número de pessoas desempregadas. E para que se consiga colocar no mercado de trabalho os que estão desempregados (encalhados), é necessário baixar os preços dos salários dos que estão empregados – o que seria executado automaticamente pelo mercado –, mas isso nos sistemas anticapitalistas é proibido por lei, como é o caso do Brasil. Portanto, quando o governo, os sindicalistas e os políticos anticapitalistas – principalmente do PT –, posando de heróis defensores dos trabalhadores menos favorecidos, **decretam** salários acima do preço de mercado, estão decretando o aumento do desemprego. Por isso, quando se veem políticos de qualquer ideologia brigando para **decretar** aumentos de salários na marra, de duas uma: ou ele é um ignorante bonachão ou um hipócrita demagogo. Mais adiante demonstrarei como é possível aumentar os salários dos trabalhadores e diminuir o desemprego de maneira consistente.

Se o governo contratar técnicos altamente capacitados e montar uma equipe capaz de, arbitrariamente, tabelar o produto a um preço igual ao de mercado, que por coincidência é igual ao natural, depois de estudar minuciosamente a planilha de custos e as possibilidades do mercado, então o governo estará fazendo um trabalho inútil, improdutivo e oneroso para toda a sociedade, pois o próprio mercado havia se encarregado, automaticamente, de formar o preço adequado para tal produto.

Porém, consequências ainda mais desastrosas teremos caso os órgãos de controle econômicos do governo, pensando em beneficiar e proteger uma parcela de consumidores que não têm acesso ao citado produto, resolvam tabelar com um preço abaixo do preço de mercado, ou seja, abaixo do preço natural. Analisemos, então, o que ocorrerá. Por um lado, haverá mais consumidores dispostos a comprar o produto a um preço mais baixo, o que provocará um aumento do consumo. Por outro lado, haverá um desestímulo aos produtores, que sendo obrigados a vender o seu produto abaixo do preço natural, muitos deixarão de produzi-lo, o que o tornará ainda mais escasso, e como se sabe, produto escasso é produto caro. Inicia-se, então, a cobrança do que os defensores da intervenção econômica chamam de *ágio*, que é nada mais nada menos que o mercado tentando funcionar, através da ação humana, apesar do tabelamento. Se o governo persistir no preço tabelado, se instalará um mercado paralelo informal, chamado de *mercado negro*, para o produto. Será comercializado fora da lei do governo, mas dentro da lei de mercado. Haverá também o mercado legal, mas sempre com as prateleiras vazias e filas enormes de consumidores ávidos por adquirir pelo menos uma unidade do produto racionado. O fenômeno do *mercado negro* é muito comum nos países socialistas/comunistas, apesar da vigilância e do risco de severas punições. A Venezuela e outros países sul-americanos estão implantando o que eles chamam de socialismo do século XXI, que na verdade é o mesmo socialismo de sempre. Estão revogando as leis de mercado – as leis que regulam os preços das mercadorias –, estas de que estou tentando explicar o funcionamento. A explicação de Maduro, o herdeiro político de Hugo Chávez, para a escassez das mercadorias está na baixa do preço do petróleo e no contrabando para os países vizinhos. Explicação que não convence. É que a Venezuela troca o seu petróleo no mercado mundial por produtos de primeira necessidade para a sua população. E o petróleo a um preço menor é trocado por um volume menor de mercadorias, daí a escassez. Mas por que o petróleo baixou de preço? Porque houve excesso na produção mundial, e quando há produção em excesso, conforme teorizado no capítulo anterior, o preço cai. O problema é que a Venezuela possui o monopólio estatal sobre a produção de petróleo e é fortemente dependente da sua exportação para sobreviver, além de intervir de maneira violenta sobre o restante da economia. O erro da Venezuela, portanto, foi apostar todas as suas fichas no petróleo e não permitir a diversificação da economia com o surgimento privado de novas frentes de produção, tabelar os preços, estatizar e afugentar as grandes empresas estrangeiras que funcionavam lá. Os dirigentes daquele país estão prendendo os adversários políticos, acusando-os de agitadores sociais, prendendo os empresários, acusando-os de sonegadores de mercadorias e de sabotadores, calando a imprensa sob ameaça de fechamento de jornais e canais de televisão. Em resumo, está dirigindo o país para o socialismo conforme foi planejado. Com essas políticas não poderiam esperar outra coisa a não ser recessão, escassez e convulsão social. As filas são enormes todos os dias com mães desesperadas à procura de leite para os filhos e outros produtos essenciais para a família. Como a maioria das pessoas não tem a mínima noção sobre o funcionamento da economia, acaba acreditando nas falácias do ditador venezuelano.

Como se pode constatar observando o caso venezuelano, não é tanto para os empresários que os preços livres são importantes, mas muito mais para os consumidores, que ficam com a falta dos produtos essenciais.

Voltando ao problema teórico, aquela parte da população que o governo pretendia beneficiar com um preço menor agora é ampliada para uma parcela ainda maior da população que não tem acesso ao citado produto.

Quando o governo resolver liberar o preço, este subirá muito acima do valor natural em um primeiro momento, para depois as leis de mercado se encarregarem de colocá-lo no preço de mercado normal, que é igual ao preço natural.

Ocorrerá um outro fenômeno caso o governo mantenha o tabelamento do preço. O produtor da mercadoria tabelada reclama para o governo, dizendo que está pagando muito caro pelo insumo utilizado na sua elaboração, tornando o negócio inviável. Então, o governo resolve incluir o insumo no tabelamento. Mas esse insumo, para ser produzido, depende de outros produtos e outras matérias-primas, as quais terão de ser tabeladas também. O governo, que pretendia tabelar apenas um produto, por considerá-lo essencial, terá de interferir em algumas dezenas de outros produtos. E, se esse processo não for paralisado, em pouco tempo o governo terá de controlar os preços de todos os produtos fabricados dentro do país. E, quando toda a economia de um país é controlada e os preços tabelados, significa a extinção do capitalismo, aí estamos falando de intervencionismo e direcionamento para o socialismo. Este foi o caso do Brasil em 1986, quando José Sarney, com o seu *Plano Cruzado*, tabelou e congelou todos os preços de produtos, salários e serviços. Sarney, logo após o fracasso do seu plano, aplicou um calote internacional, decretando a moratória unilateral da dívida externa brasileira, com o aplauso dos nossos socialistas/comunistas, comprometendo a credibilidade do País no exterior, causando grave retrocesso econômico ao Brasil e nos empobrecendo ainda mais.

Embora esteja, prática e teoricamente, comprovada a ineficácia e o prejuízo causado pelos controles de preços, de vez em quando se vê a imprensa noticiar e incentivar (quando não diretamente, o incentivo pode ser percebido nas entrelinhas) para que o governo **investigue** a planilha de custos de determinado produto, cujo preço pretende controlar. Em sua coluna no jornal *Zero Hora* – o socialista/comunista, que na época era presidente de honra do Partido dos Trabalhadores e duas vezes presidente da República –, Luís Inácio Lula da Silva escreveu:

Milhões de famílias, principalmente das classes médias, estão entregues à própria sorte, dependentes de planos de saúde que fazem da saúde uma simples mercadoria. E, para piorar, o governo FH não controla os preços dos remédios, que atingem níveis abusivos. (Luís Inácio Lula da Silva. "A farra dos remédios", jornal *Zero Hora*, Porto Alegre, 30 jan. 2000, p. 13.)

Agora, observe a notícia publicada em *Zero Hora* trinta anos atrás:

Técnicos do Ministério da Saúde estão elaborando uma lista de remédios considerados básicos, que serão tabelados de acordo com a decisão do presidente Médici. ("Há 30 anos em ZH", *Zero Hora*, Porto Alegre, 22 fev. 2000, p. 67).

Algumas conclusões podem ser tiradas, observando-se essas publicações:

1. Está confirmado que esquerda e direita comungam das mesmas ideias, em muitos aspectos, em relação aos sistemas econômicos. A direita, representada pelo general ditador e presidente da República daquela época, Emílio Garrastazu Médici, e Lula, do PT, recomendam o tabelamento de preços.

2. Há mais de quarenta anos o governo vem interferindo no mercado de medicamentos e tudo o que conseguiu foi piorar a situação daquele a quem pretendia proteger: o consumidor.

3. Pelo menos há quarenta anos os medicamentos deixaram de ser tratados como mercadoria, isto é, os seus preços deixaram de ser tratados pelo mercado, sendo tabelados e controlados pelos burocratas do governo, a mando dos todo-poderosos generais presidentes da República. Esta é a explicação para os remédios estarem tão caros. Nunca foram tratados como mercadorias.

Os televisores são, hoje, mercadorias que estão a preços tão baixos, não por serem simplesmente televisores, mas porque simplesmente passaram a ser tratados como mercadorias.

4. Quanto mais importante um produto for para a população, mais exposto às leis de mercado deve estar, mais ele deve ser tratado como mercadoria e exposto à concorrência para que o seu preço seja cada dia menor.

O mercado de medicamentos é particularmente distinto dos outros, porque necessita de vultosas somas de investimentos em pesquisa para o desenvolvimento de novos produtos. Um grande percentual do preço de um remédio já inserido no mercado é destinado para pesquisa. Em se tratando de medicamentos, não se pode levar em consideração apenas o custo de produção, mas também tudo o que é gasto em pesquisa, sob pena de se inviabilizar a descoberta da cura de tantas doenças hoje incuráveis, como o câncer e a AIDS.

O preço natural de um produto, para o qual o preço de mercado sempre é atraído, não tem um valor fixo, porque os produtores estão diuturnamente procurando meios de baixar os custos de produção, com métodos mais aperfeiçoados, com consequente baixa do preço de mercado, efetivando a **inclusão** de novos consumidores, que antes não tinham acesso ao produto em questão. Um exemplo disso são os televisores de tela plana. Quando foram lançados custavam uma fortuna, mas hoje nas casas mais humildes veem-se telas de 30, 40, 50 polegadas. Coisas que só um mercado livre, na verdade só o capitalismo pode proporcionar. E o interessante é que os empresários fazem isso não com a altruística intenção de beneficiar a população, mas, movidos pela ambição, com o intuito de aumentar a sua margem de lucro e/ou aumentar a sua fatia de mercado. Essa é a virtude do egoísmo. O mercado não depende do altruísmo para beneficiar a população. A solidariedade é muito bonita, enobrece e dignifica o ser humano e deve ser incentivada e cultivada, mas não é ela que impulsiona o progresso. Na verdade, há muitas pessoas de posse que praticam a caridade, mas não é essa prática que faz a economia crescer, e sim a administração correta de suas empresas. Adam Smith já havia notado isso lá no distante século

XVIII, quando escreveu: "Não é da benevolência do açougueiro, do cervejeiro e do padeiro que esperamos o nosso jantar, mas da consideração que ele tem pelos próprios interesses. Apelamos não à humanidade, mas ao amor-próprio, e nunca falamos de nossas necessidades, mas das vantagens que eles podem obter."

Portanto, em um sistema de livre concorrência, o menor preço pelo qual se consegue comercializar alguma mercadoria, sem destruir o sistema produtivo, é sempre o preço de mercado, o qual tende sempre a diminuir com o passar do tempo, devido ao aperfeiçoamento dos métodos de produção.

Dizem os socialistas/comunistas que certos produtos e serviços (como, por exemplo, a educação, a saúde e os remédios) não devem ser tratados como mercadoria, devendo ser controlados, ter seus preços tabelados e serem fornecidos pelo Estado. Muito pelo contrário. Devem ser tratados como mercadoria, sim, porque está provada a incompetência do Estado em todas as áreas em que se incumbiu de fornecer produtos ou serviços à população, tanto no Brasil intervencionista, como em qualquer outro país socialista/comunista. E está comprovado que, onde o governo não interferiu, a iniciativa privada competitiva deu a melhor resposta em eficiência no fornecimento de produtos baratos e de qualidade à população. Uma pesquisa foi realizada recentemente e indicou uma situação em que quase cem por cento da população desfruta dos bens fornecidos pela iniciativa privada (tais como televisores, aparelhos de som, geladeiras, fornos de micro-ondas, rádios, fogões, móveis, telefones celulares, computadores) e que os bens fornecidos pelo governo contemplam uma porcentagem bem menor da população. Por exemplo, fornecimento de água e tratamento de esgoto.

É bastante comum ler ou ouvir que falta vontade política ao governo para tomar esta ou aquela atitude. Porém, independente das vontades políticas, quer queiram quer não, existem as leis de mercado, que dependem da ação humana, e que é genético, e que não se pode mudar, a não ser que se modifique a genética do ser humano artificialmente. Porque a economia de mercado é movida pela ação humana. Historicamente, todas as vezes em que as políticas econômicas dos governos contrariaram as leis de mercado, isto é, a natureza humana, em qualquer tempo e lugar, as respostas se traduziram em maus resultados econômicos, havendo aumento da pobreza.

Agora, imagine como seria se o governo fosse o fabricante dos eletrodomésticos que a população consume por preços a cada dia mais baixos. Se fizermos uma relação com o preço do telefone, quando era fornecido pelo governo, veja o que acontece: uma linha telefônica custava, quando era fornecida pelo governo, em média R$ 3.000,00. Hoje custa R$ 70,00. Fazendo-se a divisão de 3.000 por 70, obtém-se o número 42. Significa que o telefone custa hoje 4.100% ou 42 vezes menos do que custava quando era fornecido pelo Estado. Isso significa dizer que se as geladeiras fossem fabricadas pelo governo, custariam 4.100% ou 42 vezes a mais do que custam hoje. Uma simples geladeira, que é fornecida hoje pela iniciativa privada por 900 reais, seria fornecida – caso fosse fabricada pelo governo – por 42 vezes a mais, ou seja, uma geladeira custaria ao consumidor a "bagatela" de 38 mil reais.

A GANÂNCIA

Ainda com relação à questão dos preços, é necessário dizer que o preço de mercado de determinada mercadoria coincidirá com o seu preço natural, que é o menor preço pelo qual tal mercadoria pode ser vendida sem comprometer o sistema produtivo, não em função do custo, mas em função da livre concorrência entre vendedores e da decisão dos consumidores segundo seus próprios interesses. Somente quando alguém introduz no mercado um produto inédito e patenteado, sobre o qual possui exclusividade de fabricação por determinado período, é que será praticado um preço acima do natural, gerando lucros extraordinários. Isso é um prêmio e um incentivo à inovação. É por causa dessa recompensa que o capitalismo cria tantas novidades. E a lei de patentes deve ser observada em um país que se diz capitalista, ou seja, há que se proteger, e premiar a invenção, para não desestimular as mentes criadoras. É verdade que muitas invenções não são aprovadas pelo público (os consumidores), sendo descartadas. Porém, colocar no mercado um produto inédito e que agrade ao consumidor é como acertar na loteria.

Observe o que acontece quando uma pessoa ganha, por exemplo, um automóvel em um sorteio. O custo desse automóvel foi insignificante, se comparado ao seu valor de mercado, no entanto o cidadão sorteado, em realidade, na prática – e isso pode ser observado nas pessoas que nos cercam (algum parente ou conhecido) –, mesmo que seja um adepto do socialismo/comunismo, o venderá por um preço muito próximo do valor dos outros automóveis que estiverem à venda em semelhantes condições. Procurará extrair o maior lucro possível dessa transação e estará praticando o capitalismo. Esse sistema está vivo nas entranhas do indivíduo, mesmo que, da boca pra fora, se declare socialista. Esse lucro será limitado apenas pela concorrência e não pelo custo. A ganância do vendedor tenta empurrar o preço para as alturas, enquanto a concorrência puxa o preço para a realidade. Eis a importância da livre concorrência. Esse é o comportamento humano em relação ao mercado. O homem age, naturalmente, dessa maneira, tentando vender pelo maior preço que conseguir, independentemente de ser ele um simples operário em relação à venda da sua bicicleta, ou um rico empresário em relação à venda do produto da sua fábrica. Um cantor famoso não investe um centavo a mais do que a sua voz, o seu talento e o seu trabalho para ganhar milhões na venda de CDs. É assim também com atores, jogadores de futebol ou qualquer artista. Os artistas, em sua maioria, são simpatizantes do socialismo/comunismo (não se sabe por que fizeram tal opção, se tudo indica que não estudaram economia. Acredito que seja estratégia de *marketing*, porque na sua propaganda enganosa, o socialismo não exige sacrifícios e promete o paraíso. É claro que é visto com mais simpatia, por uma população pobre e ignorante, alguém que defenda um sistema como esse), mas nem por isso deixam de ser gananciosos e, hipocritamente, ficam ricos vendendo o seu trabalho. Pelo fato de alguns deles fazerem doações a entidades filantrópicas não significa que não usam o seu espírito capitalista para ganhar dinheiro. Assim como também há inúmeros empresários filantropos que doam generosas quantias.

Nós, liberais, não somos contra se ganhar dinheiro, antes pelo contrário, somos muito a favor. Só achamos ridículos os ricos hipócritas que tentam difamar o sistema que lhes possibilitou a riqueza da qual desfrutam com tanto prazer.

Há certas coisas na natureza que muitas vezes a questionamos. A barata é um bicho asqueroso e nojento e, às vezes, nos perguntamos: por que ela existe? Mas se buscarmos informações e estudarmos a fundo, veremos que até a barata tem a sua função na natureza, não sendo ecologicamente correto destruí-la.

Todas as pessoas normais são providas do sentimento do medo. É uma característica necessária ao ser humano, para torná-lo prudente. Imagine as loucuras que faria uma pessoa totalmente destemida ou aquela medrosa. O medo é necessário na dose certa.

Todas as pessoas normais são gananciosas. Assim como na nossa corrente sanguínea existe o colesterol bom e o ruim, também existe a ganância boa e a ruim. A ganância boa é aquela que motiva para o trabalho; a ruim motiva para atos imorais ou ilícitos e criminosos. A ganância boa deve ser encarada como uma característica necessária ao ser humano para torná-lo produtivo. Pouca ganância é indolência. Muita ganância é falta de escrúpulos. A ganância também é necessária na dose certa. Alguém já disse que *a diferença entre o veneno e o remédio está no tamanho da dose*. Dessa maneira, a ganância é um tempero necessário à economia de mercado, cuja função é promover o progresso. A ganância ruim deve ser proibida e punida pelas regras da sociedade. Porém, proibir a ganância boa é falta de compreensão da natureza humana, além de economicamente improdutivo.

Os socialistas/comunistas acusam o capitalismo/liberalismo de permitir a ganância dos empresários (ganância boa). Mas a ganância não é privilégio só dos empresários. A ganância é a motivação de qualquer pessoa. Se a ganância não existisse, o capitalismo não funcionaria, e a humanidade estaria condenada à estagnação eterna e, talvez, à extinção. No sistema socialista/comunista, a ganância é podada, porque são proibidos o sonho e a ambição individual.

Estou eu, aqui, defendendo a ganância como se fosse uma bela virtude humana, e fico imaginando o que você deve estar pensando disso tudo. Mas a intenção não é enaltecer as imperfeições humanas e, sim, exaltar um sistema político-econômico que consegue lidar e tirar proveito dessas imperfeições sem ser hipócrita, já que não se pode suprimi-las. Trata-se de aceitarmos o ser humano como ele realmente é, cheio de defeitos, e não como gostaríamos que fosse. Se o ser humano fosse perfeito como gostaríamos, as penitenciárias não seriam necessárias. Existem pessoas boas e más, independente da sua posição socioeconômica. A nossa sociedade é obrigada a conviver com isso. O que determina se uma pessoa é justa não é o seu grau de riqueza ou pobreza, mas, sim, a formação do seu caráter e o seu senso de justiça. Na verdade, a maioria das pessoas mantém-se aquém da barreira do legalmente proibido, pelo medo da possibilidade de punição, e não por perfeição de caráter. Mas há também pessoas magnânimas. O ser humano ideal do ponto de vista econômico e social seria aquele com um máximo de produtividade e solidário ao extremo. Mas é raríssimo encontrar pessoas com semelhantes características.

Em um sistema de livre mercado, o efeito colateral da ganância exagerada fica anulado pela existência da concorrência comercial, sendo a energia dessa ganância canalizada para o aproveitamento em um processo virtuoso para a sociedade, ou seja, para a geração do progresso.

O capitalismo/liberalismo é um sistema natural, que leva em consideração a natureza humana, se emoldurando a ela e proporcionando o melhor resultado econômico possível em benefício de toda a sociedade. O liberalismo/capitalismo é um sistema sob medida para os humanos. Nesses termos, a diferença entre o liberalismo e o socialismo é que o liberalismo é um sistema que se adapta ao ser humano como ele é, aceita os seus defeitos e aproveita as suas virtudes, enquanto que o socialismo precisa criar um ser humano que se adapte ao seu sistema. Enquanto esse ser humano não existe, o socialismo só poderá ser colocado em prática quando o povo for subjugado pela força coercitiva do Estado. Por isso, pela lógica, não existe a possibilidade do socialismo democrático. Portanto, a conclusão a que se chega é a de que o socialismo é impraticável com seres humanos, porque restringe as liberdades naturais do indivíduo necessárias ao seu desenvolvimento. Tanto é assim que, nos países onde o socialismo foi colocado em funcionamento, tiveram que ser construídos muros e cercas de arame farpado eletrificadas e a permanente vigilância das fronteiras, com armas e cães, para evitar a fuga da população.

Trecho da matéria publicada no jornal *Zero Hora* em alusão aos 10 anos da queda do Muro de Berlim:

[...] Com barreiras e cercas de arame, a RDA fez um sistema quase perfeito do controle das fronteiras. O muro que estrangulava Berlim era acompanhado de um areal, chamado faixa da morte. Nessa área, os soldados tinham ordem de atirar em quem, empurrado pelo sonho da liberdade, tentasse passar para o outro lado. [...] No dia 24 de agosto de 1961, o primeiro fugitivo foi morto tentando cruzar a barreira. Nos 28 anos seguintes, foram registradas 5.075 fugas bem-sucedidas e 239 mortes de alemães que tentavam alcançar o lado ocidental. [...] A queda da muralha que aprisionou dois terços da população berlinense no setor soviético da cidade foi precedida de profundas mudanças em Moscou, impulsionadas pela perestroica [...] A Coreia do Norte ainda é o regime comunista mais fechado do planeta. Sem a ajuda da URSS, a economia está estagnada, e a população enfrenta racionamento de comida. (TORRES, Rosane. "Sonho de liberdade vence o Muro", *Zero Hora*, Porto Alegre, 7 nov. 1999. p.36).

Nos dias de hoje, o povo que elege o sistema socialista/comunista ou intervencionista como forma de organização da sociedade está negando-se a si próprio como ser humano, e isso só pode ocorrer inconscientemente, ou seja, o povo não sabe o que está elegendo, porque os políticos neocomunistas não declaram abertamente o que pretendem. Veja um trecho da entrevista concedida pelo deputado Aldo Rebelo, do PCdoB, à revista ISTOÉ:

ISTOÉ – O PCdoB está disputando o segundo turno das eleições em Fortaleza e Olinda. O candidato a prefeito em Fortaleza, Inácio Arruda, está evitando falar em comunismo na campanha. Por quê?

Aldo – Isso é e não é verdade. É verdade porque o Inácio é candidato numa coligação com muitos partidos e o PCdoB é o único comunista. Essa coligação não quer implantar o comunismo em Fortaleza, mas administrar a cidade de maneira democrática e justa.

Existirá uma única possibilidade de o socialismo ser um sucesso. Tal possibilidade existirá no dia em que for permitida a criação do ser humano geneticamente modificado (transgênico). Os gens a serem modificados serão os do individualismo, do gosto pela liberdade, da autodeterminação, da ganância. O ser humano modificado não pensará como um indivíduo, único. Pensará que é apenas uma partícula de um todo maior, contribuindo para o interesse coletivo, sem se preocupar com a posição que ocupa na sociedade, sem pensar no futuro e sem desejar o progresso pessoal. Será como uma abelha na colmeia, que executa a mesma tarefa do início ao fim da sua existência. Será um ser humano robotizado, desprovido de iniciativa própria e programado para pensar primeiro em alguém que não conhece e que mora no outro lado do país, e por último em si e na sua família. Esse dia será marcado pelo início do socialismo possível, pelo fim da ganância, do individualismo e da ética humana.

Este embate de ideias entre socialismo/comunismo e liberalismo/capitalismo, quando travado há um século, época em que não havia os subsídios históricos e os indicadores socioeconômicos de que dispomos hoje, certamente era mais parelho e, em certo período, houve um crescimento acentuado na credibilidade ao socialismo/comunismo, que era falsamente mais humano e ilusoriamente mais promissor. Mas hoje, depois dos experimentos mal-sucedidos aplicados em várias partes do Planeta, é inadmissível que pessoas inteligentes, que têm a capacidade de análise, de raciocínio e que sejam bem-intencionadas, possam dar crédito a um sistema político-econômico nefasto, desumano, ineficiente e insustentável como o socialismo/comunismo. Não existe um único exemplo onde esse sistema tenha sido aplicado sem a utilização da violência, ou seja, democraticamente.

Portanto, afirmar a possibilidade do socialismo democrático é tão falso quanto afirmar que a terra é quadrada, como se imaginava há alguns séculos.

Os monopólios

MONOPÓLIOS E PREÇOS

Existem dois tipos de monopólio: estatal e privado. O monopólio estatal se caracteriza pela reserva de mercado legalmente institucionalizada de determinada atividade econômica, a qual só pode ser explorada pelo governo. Qualquer monopólio é prejudicial ao consumidor, mas o pior tipo é o monopólio estatal, porque, além de vender o seu produto acima do preço natural, que é o preço pelo qual seria vendido caso existisse concorrência, não consegue obter lucro. Por que não consegue lucro? Porque a empresa estatal trabalha com excesso de funcionários, paga salários muito mais altos do que o mercado pagaria, compra mal dos seus fornecedores (o maior índice de corrupção ocorre nos departamentos de compras das empresas estatais) e não trabalha para dar lucro. Foi estabelecido, por influência do receituário socialista e do nacionalismo, que as empresas estatais não devem gerar lucro (farei a defesa da necessidade do lucro no capítulo seguinte). Sua função, ainda segundo os socialistas/comunistas, é estratégica para garantir a *soberania nacional*. Mas a melhor maneira de garantir a soberania nacional contra ataques internos ou externos é, infelizmente, através das Forças Armadas e não pelo controle e administração de empresas. As empresas são coisas muito importantes para a sociedade e não devem ser entregues para serem administradas pelo governo, isto é, pelos políticos e burocratas (veja *a empresa estatal no sistema intervencionista,* na página 91). Assim, por exemplo, tivemos o monopólio das telecomunicações brasileiras, época em que funcionava um mercado paralelo (mercado negro) de linhas telefônicas, que chegavam a custar, em algumas localidades, a absurda quantia de U$ 20.000 aproximadamente. Caso alguém *comprasse* pelo mercado formal, pagaria de R$ 1.000 a R$ 2.000 por uma linha e teria de esperar dois anos para ter o seu telefone funcionando, porém as companhias geralmente não cumpriam esse prazo, que não raras vezes se estendia por três, quatro anos ou mais. Depois da privatização das telecomunicações, uma linha telefônica é comercializada por R$ 70,00, o prazo de instalação é curtíssimo e praticamente acabou o mercado negro de telefones. Já melhorou muito, mas ainda não é o ideal. Os preços das tarifas são muito altos em comparação aos preços internacionais. Temos apenas quatro grandes empresas atuando nesse mercado no Brasil. Esses tipos de atividades são monitorados por agências reguladoras, e há muitas barreiras para a entrada de novos concorrentes, sendo praticamente impossível, ocorrendo a mesma situação nas áreas de energia, aviação civil, petróleo e outras. As empresas são privadas, mas quase não há concorrência e os preços são "controlados" pelos burocratas das agências. Dá até para imaginar quanta propina deve rolar para manter um sistema assim. De quem é o interesse em manter esta situação? Do consumidor é que não é. Não podemos chamar isso de capitalismo.

Outro absurdo verificado no sistema oligopolístico estatal é no setor de energia elétrica. O governo, por incompetência intrínseca do modelo estatizado, não consegue investir o suficiente para acompanhar a demanda do mercado. Então, em um ato de desespero pelo medo de *apagões,* com uma inversão total da lógica de mercado, em períodos mais críticos gasta fortunas do dinheiro público com todos os meios de comunicação, em campanhas publicitárias às avessas do tipo *apague a luz, poupe energia,* ou seja, *não compre energia.* Ora, isso seria o mesmo que uma grande indústria de calçados gastasse muito dinheiro em uma campanha publicitária absurda cujo mote seria *não compre sapatos.*

MONOPÓLIO PRIVADO PROTEGIDO

O monopólio privado se subdivide em dois tipos: o que existe e o que não existe. Explicando melhor, o que existe é o monopólio privado protegido pelo governo. Exemplo disso é o transporte coletivo, em que são concedidas linhas de ônibus regulares, nas quais a empresa concessionária tem o direito exclusivo de exploração do transporte de determinados percursos. Nesses casos, o governo, através dos seus burocratas, é quem controla o preço da passagem, pela análise da planilha de custos. Imagine quanta falcatrua é possível na elaboração do preço das passagens. Em outras palavras, pode-se dizer que, em matéria de transportes coletivos brasileiros, não existe um sistema de mercado livre, ou seja, também inexiste o capitalismo.

MONOPÓLIO PRIVADO NATURAL

O monopólio natural é aquele que não existe ou, caso exista, não é prejudicial, porque neste caso significa que ninguém está conseguindo produzir por um preço menor. Digamos que em um determinado ramo de atividade coexista um número reduzido de concorrentes e um deles resolva fazer uma concorrência predatória (*dumping*), vendendo abaixo do custo de produção, com o intuito de levar os seus concorrentes à falência. Enquanto tiver condições de manter o preço abaixo do custo de produção, os consumidores estarão sendo beneficiados, e se conseguir levar a cabo a tarefa de falir a concorrência, mesmo assim ainda não poderá vender por um preço acima do preço natural, continuadamente, desde que não haja proibição para o surgimento de novos concorrentes. Mesmo atuando sozinha, em um sistema de livre mercado, uma empresa está sob constante dependência das leis de mercado e no menor descuido surgirá um novo concorrente. O que causa maior preocupação em ramos de atividade nos quais o número de concorrentes é reduzido é a prática do *cartel*. Somente nesses casos é recomendada a intervenção do governo, desde que seja inteligente, no sentido de estimular a concorrência, e não com a fórmula burra do tabelamento de preços. A formação do cartel é de difícil execução, porque terá que ser uma unanimidade, na qual cada membro sofrerá a tentação constante de baixar o preço ou melhorar as condições para vender mais. O cartel é como um castelo de cartas que, dependendo da carta bulida, pode desmoronar tudo de uma só vez. No momento em que um dos membros cartelizados descumprir o *acordo*, a concorrência estará restabelecida. O cartel mais famoso do mundo é o da OPEP (Organização dos Países Exportadores de Petróleo). Com frequência se reúnem, combinam preços e limitam produção, para logo em seguida algum dos países membros esquecer o combinado e não resistir à tentação de produzir mais, o que fará o preço, naturalmente, abaixar. O que realmente tem forçado a alta do preço do petróleo é quando surgem guerras nas regiões de produção ou quando aumenta o consumo por motivo sazonal, o que ocorre ocasionalmente em países grandes consumidores, como os Estados Unidos, quando o inverno é muito rigoroso.

A ACUMULAÇÃO DE CAPITAL

Na acumulação de capital está um dos princípios do capitalismo. Antes de demonstrarmos como isso funciona e por que a acumulação de capital é indispensável para o desenvolvimento de qualquer nação sobre a face da Terra, temos de lembrar que os socialistas/comunistas de todas as espécies são contra o lucro e a acumulação de capital. Porém, eles não explicam como funciona o desenvolvimento de um país sem lucro e sem acumulação de capital. Observemos um trecho da coluna de Ivar Hartmann, publicada no jornal NH:

> [...] *na semana passada Olívio* (Governador do Rio Grande do Sul na época) *foi à Federasul para uma reunião-almoço e, em se tratando de uma federação de empresários, alguém lhe perguntou que empresa montaria ou ajudaria seu filho a montar. A resposta: "Não passa pela minha cabeça ser alguém com um empreendimento que gere lucro, que possa andar esbanjando coisas num prazer egoísta de viver". A transcrição é literal.* (HARTMANN, Ivar. "A ideologia do Olívio", jornal NH, Novo Hamburgo, 22 março 2000. p. 12.)

Como poderemos ter esperança no futuro enquanto tivermos homens com essa visão a nos liderar? Olívio Dutra foi ministro do PT e pode ser considerado um dos responsáveis pela difícil situação que o Brasil atravessa. Mudar é preciso, mas não para um retorno ao passado, para ficar tudo como sempre esteve.

Para demonstrarmos a necessidade de um sistema que acumule capital, tomemos como exemplo metafórico uma pessoa que disponha de dez galinhas, e cada galinha ponha 1 ovo por dia. No final de 1 dia, teoricamente, haverá 10 ovos, dos quais 8 serão consumidos e 2 economizados (acumulados). No final de 8 dias haverá 16 ovos economizados, o equivalente a uma ninhada. Quando houver uma galinha choca, poderá deitar os ovos e em 21 dias haverá 16 pintinhos. Pela lei das probabilidades matemáticas metade serão fêmeas e, em seis meses haverá 8 novas poedeiras acrescidas às 10 já existentes, totalizando 18. Depois de um período total de **209 dias**, a produção passará de 10 para **18 ovos por dia**, e ainda teremos 8 frangos que poderão ser abatidos para o consumo.

As galinhas acrescentadas ao plantel representam o capital acumulado, o lucro, o qual proporcionou aumento da produção. Os ovos acumulados poderiam ter sido vendidos e transformados em dinheiro e, posteriormente, através da compra, transformados em galinhas poedeiras. Dito isso, podemos afirmar que um capital acumulado pode estar na forma de dinheiro em espécie, em forma de mercadorias (por exemplo, papel higiênico) e equipamentos, ou galinhas. Por que você acha que está faltando de tudo na Venezuela? Porque com o socialismo do século XXI, o governo não está permitindo que as empresas lucrem, e sem lucro não há acumulação de capital, e sem este a produção cai e as prateleiras ficam vazias. Pois é, como pode ser percebido, o capital acumulado serve também para formar estoques reguladores. Essas coisas parecem muito claras, mas há gente que não vê, ou não quer ver.

Voltando ao ponto de partida, se em vez de economizar 2, a pessoa economizar 4 ovos e consumir apenas 6 dos 10 disponíveis diariamente, em 4 dias haverá uma ninhada de 16 ovos, em mais 21 dias 16 novos pintinhos, e em mais seis meses 8 novas poedeiras. Depois de um período total de **205 dias**, a produção será de **18 ovos por dia**.

Diante desses números, podemos concluir que o aumento da produção e a velocidade com que este aumento é conseguido é diretamente proporcional à quantidade de capital acumulado (economizado) anteriormente.

O lucro, traduzido em capital acumulado, representa a semente da reprodução econômica capitalista. O lucro pode também ser definido como uma pequena restrição ao consumo imediato com vistas a uma maior abundância futura. O lucro é uma espécie de fermento econômico, que proporciona a realimentação da economia, gerando a multiplicação da riqueza.

Um aumento geral da produção de um país, acima do aumento geral da sua população, significa haver uma maior quantidade de produtos *per capita* à disposição dessa população, o que equivale a dizer que nesse caso haverá aumento da produtividade, havendo, consequentemente, melhoria no padrão de vida, ou seja, um aumento salarial geral real. Fundamentalmente, a acumulação de capital aumenta a velocidade da reprodução econômica, proporcionalmente ao seu montante, tendo como referência a reprodução da população.

Se ao invés de economizar (acumular), a pessoa consumisse todos os ovos, continuaria com 10 galinhas e com 10 ovos por dia, isto é, o negócio não teria progredido. Um socialista/comunista, provavelmente, sabendo da intenção de lucrar do dono das galinhas (o empresário), diria que será necessário confiscar essas galinhas e abatê-las para redistribuir a carne entre a população necessitada. Na realidade é isso que os socialistas fazem quando assumem o comando do país e é isso que está acontecendo com o Brasil neste momento.

Entretanto, é importante compreendermos que, para se obter uma recompensa maior no futuro, é necessário se abrir mão de uma pequena vantagem imediata no presente. É como o agricultor que deve guardar uma parte dos grãos colhidos (selecionar os melhores) para servir de semente para a próxima safra. É um sacrifício que o capitalismo exige antes para que possa haver a recompensa depois. A acumulação de capital é totalmente condenada pelos socialistas, comunistas e também pelos intervencionistas. Foram séculos e séculos de condenação ao lucro e à usura, primeiro com a

Igreja Católica, depois com os comunistas, e ainda hoje há pessoas influentes e partidos políticos que pensam assim. Só houve um período em que a liberdade econômica prevaleceu; foi na época da Revolução Industrial. Foi um tempo de grande desenvolvimento econômico e de um incremento populacional jamais visto.

No socialismo/comunismo, não há acumulação de capital; tudo o que é produzido é imediatamente consumido, e esta é uma das várias razões pelas quais os países socialistas/comunistas são economicamente subdesenvolvidos. Para um país se desenvolver é necessário que haja poupança, ou seja, uma prévia acumulação de capital para ser investido posteriormente. Para que alguém consiga iniciar uma atividade econômica, é necessário um capital inicial para cobrir as despesas com a compra de máquinas, equipamentos e matérias-primas e, principalmente, para adiantar os salários e os encargos dos funcionários, enquanto a empresa não estiver obtendo o retorno do empreendimento. Se os sócios de tal empresa não tiverem o capital inicial, terão de pedir emprestado para alguém que o tenha acumulado. É aí que os difamados bancos entram em cena. O sistema bancário de um país serve, entre outras coisas, para administrar o capital acumulado de toda a nação, tomando emprestado de uns para emprestar a outros. Como se sabe, assim como tudo o que é abundante é barato, tudo o que é escasso é caro. O Brasil é um país descapitalizado, não possui capital acumulado e, caso possua, é de pequena monta; ainda assim, a maior parte desse capital está emprestado para o governo, que é um grande tomador de dinheiro, e isso explica por que a taxa de juro é tão alta, pois trata-se do preço do dinheiro. Com taxa de juro elevada, tornam-se inviáveis os financiamentos para as ampliações das empresas existentes e para os investimentos em novos projetos. Pode-se deduzir que o surgimento de novos empresários pelas pessoas que não têm dinheiro (pobres mesmo), mas que tem o dom do empreendedorismo, dependem de uma taxa de juro viável ao investimento, ou seja, dependem da acumulação de capital. A chave do problema do desenvolvimento de um país está, portanto, na acumulação de capital. Os governos ainda não entenderam ou não querem entender o processo de acumulação de capital. Acumulação de capital é quando o dinheiro vem de alguma coisa real, palpável, lastreada. É quando uma empresa vendeu uma mercadoria e guardou o dinheiro, ou mesmo que tenha ficado com a mercadoria guardada. É uma poupança. Pode ser também quando um funcionário de uma empresa vai guardando uma parte do seu salário durante um período de tempo para fazer um investimento futuro. Aquilo que o funcionário consegue economizar é o seu lucro. Se não guardar nada não obteve lucro; apenas sobreviveu. É uma questão de gerenciamento. Há muitos empregados que se tornam empresários a partir da sua própria poupança. Há também os que partem do zero. Um dos primeiros requisitos ao sucesso empresarial é, portanto, a parcimônia. Agora, quando um governo simplesmente fabrica dinheiro e distribui como empréstimo, ou como benesse, não se caracteriza como capital. É uma coisa que não se sustenta. Quando o governo faz isso cria uma situação irreal para a economia, causando distorções que provocarão recessão e inflação no futuro. Se houver persistência nesse tipo de política econômica, o resultado é a estagflação. Não é por acaso que estamos nesta situação no Brasil. Os governos de esquerda vêm por longos anos persistindo nesse modelo econômico. Todos os fundamentos da economia estão sendo piorados, corroídos. O governante de esquerda pensa que possui uma varinha mágica e que basta balançá-la e dar ordens para que o capital surja do nada e tudo se arrume. Mas não é assim que funciona. Muito sacrifício é necessário para se vencer a dificuldade inicial. Este ano, segundo as previsões, teremos uma diminuição do PIB e um aumento da inflação. Isso é pior do que estagflação. Isso é uma "retroflação". Esta palavra não existia, e o PT me inspirou a inventá-la: é o retrocesso econômico com inflação.

Sempre há uma segunda intenção na pregação socialista/comunista ou intervencionista, mas, para quem conhece o seu discurso, torna-se compreensível a sua restrição e o seu ódio aos bancos e aos banqueiros. O banco é uma instituição do capitalismo. O capitalismo não funciona sem os bancos, mas para o socialismo eles são prescindíveis. No socialismo, não há capital acumulado ou a acumular; logo, não há a necessidade dos bancos e a sua eliminação torna-se necessária, porque a meta final, logicamente, é a implantação do sistema que defendem, ou seja, o socialismo/comunismo. Portanto, quando vemos os anticapitalistas de todos os matizes "crucificando" os bancos e os banqueiros, não é mera atitude circunstancial em defesa dos pobres, mas o cumprimento de um programa que aponta para a eliminação do livre mercado e a implantação do seu sistema.

Há uma fantasia dos socialistas e intervencionistas em relação à acumulação de capital de que o dono do capital o confinará em uma caixa forte (acho que eles imaginam a caixa forte do Tio Patinhas, onde ele mergulhava no dinheiro e nadava entre as moedas) e que esse capital não trará nenhum benefício ao trabalhador, e que este só foi explorado em benefício do patrão. Mas é claro que não é isso o que acontece. Em uma sociedade de livre mercado há pessoas que preferem economizar, poupar, acumular, confiar os seus recursos a terceiros e receber juros com o objetivo de gastos futuros. Se não fosse assim ninguém pouparia. A poupança de toda a população fica, então, guardada nos bancos. O montante dessa poupança é que vai determinar a taxa de juro. Conforme for aumentando a quantidade de dinheiro nos bancos, a taxa de juro vai diminuindo. Mas há um limite natural e automático para o aumento da poupança, que é quando a taxa de juro fica muito baixa. Quando as pessoas que estavam guardando dinheiro no banco percebem que a taxa de juro caiu, também retiram o dinheiro do banco e antecipam seus investimentos. Nesse caso os recursos disponíveis para empréstimos diminuem. Com isso a taxa de juro sobe novamente, encorajando as pessoas a voltar a economizar, atraídas por uma taxa de juro mais alta, e as solicitações de empréstimos também diminuem. Como se pode perceber, a taxa de juro vai variar automaticamente pela ação das pessoas que querem economizar e a atitude das pessoas que desejam consumir. Lei da oferta e demanda, como qualquer outra mercadoria, sendo que a taxa de juro é o preço do aluguel do dinheiro. Se não houver interferência do governo nesse processo, as taxas de juros apresentam pouca variação, com ciclos econômicos quase imperceptíveis. Então, a taxa de poupança de uma nação é que vai determinar a sua taxa de crescimento. Por isso um governo inteligente não deveria se meter nesse processo, pois há uma tendência natural de que uma parte da população vai poupar para emprestar à outra parte, que prefere gastar ou investir. Mas o governo brasileiro se mete muito nessas questões, atrapalhando o funcionamento do mercado, como se tivesse que mostrar que está fazendo alguma coisa. Mas o que é preciso fazer ele não faz. O governo precisa simplesmente controlar as suas contas e não gastar mais do que arrecada para não causar turbulências no sistema econômico. Praticamente todos os países, uns mais outros menos, ignoram esse mecanismo do sistema capitalista, até os Estados Unidos. Quando os governos criam programas de aceleração do crescimento (PACs) sem levar em conta a inexistência de poupança é como se quisessem fazer o milharal crescer puxando suas folhas para cima, quando o correto seria retirar as ervas daninhas, arejar a terra, adubar e regar a sua raiz. Ou seja, criar um ambiente favorável ao crescimento. E o que isso significa? Significa garantir a propriedade privada, punir os criminosos, diminuir os obstáculos, dar liberdade ao empreendedorismo, diminuir impostos, diminuir a burocracia, não se meter a empresário e transmitir confiança. Puxando as folhas para cima dará a falsa impressão de que o milharal cresceu rapidamente. É uma ilusão e o período seguinte é a decepção. E se continuar puxando poderá arrebentar as folhas, causando um retrocesso no seu crescimento. É o famoso voo de galinha de que falam os economistas. Qualquer economista sério aconselha as pessoas a primeiro economizar para depois gastar.

Com o governo não é diferente: ninguém pode gastar ou emprestar o que não tem. Pagar juros para fazer compras destinadas ao consumo também não é um bom negócio. Mas se o gasto for em um empreendimento que vai gerar um retorno, aí tem que ser feita uma avaliação de viabilidade do negócio.

No Brasil o governo pratica sabotagem a esse mecanismo capitalista, agindo na famosa taxa básica de juros do Banco Central. Quando o governo quer fazer a economia crescer na marra, ele diminui a taxa básica, e afrouxa o crédito nos bancos estatais, incentivando o endividamento e desestimulando a poupança. Em um primeiro momento parece que funciona, mas em um segundo momento as pessoas se acham mais endividadas e não podem assumir novos compromissos. Quem planejava comprar um automóvel daqui a um ou dois anos e foi incentivado por taxas de juros atrativas a comprar agora, não vai comprar outro daqui a um ano ou dois, pois ainda estará endividado. Mas a fábrica de automóveis recebeu uma sinalização de que o mercado estava em ampla expansão, contratou funcionários e investiu na expansão da fábrica, esperando uma continuidade nas vendas. Com a produção aumentada e as vendas caindo, o pátio da fábrica fica lotado. Ainda que haja redução de preços e melhores condições de venda, não há mais onde enfiar tanto carro e a fábrica terá que diminuir a produção e demitir funcionários. Se não fizer isso corre o risco de falir. O mesmo ocorre com outras áreas da economia, como eletrodomésticos e imóveis, que foram setores também acelerados pelo governo. É a recessão.

Segundo Adam Smith, há uma taxa natural de crescimento da economia que é determinada pela taxa de poupança. Os socialistas e intervencionistas investidos de muita "sabedoria" e cheios de arrogância pensam que podem ignorar estas leis econômicas impunemente, mas os resultados estão aí para desmenti-los.

A ACUMULAÇÃO INDIVIDUALISTA E A CONSEQUÊNCIA COLETIVA

Existem algumas maneiras de se promover a acumulação de capital. Uma delas é através do lucro das empresas. Tomemos como exemplo o Brasil, onde há em torno de 7% de desempregados. Como a acumulação de capital pode resolver, verdadeiramente, o problema do desemprego e dos baixos salários?

Uma empresa que, em um primeiro período, consiga obter lucro, poderá, em um segundo período, aplicar o capital acumulado na ampliação da empresa, gerando mais empregos e colocando uma quantidade maior de produto no mercado. Portanto, no segundo período haverá menos desemprego, o que significa mais pessoas trabalhando e consumindo, e mais produtos à disposição da população. Se no segundo período se repetir o êxito do primeiro, e isso for extensivo a toda a economia, isto é, a maioria das empresas obtendo lucro, e assim também nos períodos subsequentes, entramos em um círculo virtuoso, no qual haverá cada vez menos desemprego, consequentemente mais pessoas consumindo e cada vez mais produtos à disposição da população. Sem o lucro e sem a acumulação de capital não há como ampliar as empresas de forma segura e sustentável e, por consequência, não há como gerar novas oportunidades de trabalho. A acumulação de capital proporciona a **inclusão** econômica daqueles indivíduos que estão à margem do processo do mercado de trabalho. Pode-se dizer que os trabalhadores em atividade estão contribuindo, economizando e dando oportunidades aos que estão desempregados através do lucro das empresas, isto é, da acumulação de capital nas mãos de empresários parcimoniosos.

Existem propostas sindicais e projetos de leis para diminuir a jornada de trabalho, com a intenção de aumentar a oferta de emprego. Essas, mais uma vez, são propostas demagógicas que não terão os efeitos desejados, por não tocarem no ponto-chave do problema e por tentarem burlar as leis de mercado no tocante ao valor dos salários – porque as propostas só preveem diminuição da jornada sem diminuição do salário, o que significa a **decretação** do aumento salarial artificialmente, o que gerará desemprego e diminuição da atividade econômica a médio e longo prazos (ou seja, salário artificialmente alto é a partida para a entrada no processo do círculo vicioso, cujo desdobramento é: salário fora da realidade, demissões, consumidores a menos, necessidade de mais demissões, diminuição da atividade econômica, aumento do desemprego e diminuição dos salários reais). Como de costume no nosso País, a elite *pensante* (dominante) mais uma vez quer mexer no lado errado da equação. Além disso, o Brasil é um país pobre, que precisa trabalhar mais e não imitar os países ricos, que podem se dar ao luxo de trabalhar menos. O liberalismo/capitalismo, como ideologia em si, não é contra o aumento dos salários, como prega Marx em *O Capital* e como gostam de papagaiar os seus seguidores. Aqui, é preciso distinguir o capitalista pensador, estudioso, adepto da doutrina capitalista, do capitalista empreendedor. Mas o empresário que defende o capitalismo, a concorrência, as leis de mercado, este sim é o verdadeiro patriota. Na verdade, a maioria dos empresários detesta a concorrência, preferindo uma "reservinha" de mercado básica. O consumidor é quem deveria exigir mais concorrência, mais capitalismo. Para isso terá de compreender os seus mecanismos e saber que é a melhor alternativa, principalmente para os de menor poder aquisitivo. Os empresários, certamente, não gostam de aumentar os salários, tanto quanto, por motivos óbvios, gostam os políticos e os sindicalistas, mas, se o mercado assim o exigir, não há alternativa, e os salários subirão empurrados pelas forças do mercado. O liberalismo busca o aumento dos salários e a diminuição do desemprego através do desenvolvimento econômico e do aumento do PIB, isto é, busca esses resultados em termos reais. Quanto mais desenvolvida a economia de um país, isto é, quanto mais feijão e mais caminhão for produzido, maiores serão os salários dos trabalhadores, independente das vontades dos empresários, dos políticos ou dos sindicalistas. Imagine um mundo fictício com 2 pessoas, "A" e "B". "A" produz 10 laranjas e "B", 10 maçãs. "A" poderia comer só laranjas e "B" só maçãs; mas eles, movidos por um impulso inato da natureza humana, resolvem cooperar entre si e trocam 5 laranjas por 5 maçãs. "A" e "B" ficam com igual número de laranjas e maçãs e estão mais bem nutridos. Se "A" produzir 20 laranjas e "B", 10 maçãs, "A" fica com 10 laranjas e 5 maçãs, e "B" igualmente. Note que 5 maçãs foram trocadas por 10 laranjas, isto é, 1 maçã vale por 2 laranjas. Se você concordar que as trocas foram justas então você estará concordando que as leis de mercado são justas, porque é assim que o mercado funciona através das trocas espontâneas. Agora "B" também aumenta a sua produção para 20 maçãs, então ambos ficam com 10 laranjas e 10 maçãs. O aumento somente na produção de laranjas já havia sido motivo de melhoria para as duas pessoas envolvidas. O aumento na produção das duas frutas foi ainda mais benéfico. Quando o aumento da produtividade se dá em todas as áreas da economia, toda a população é beneficiada. Tal qual essas operações desse mundo fictício simplificado, as operações de troca são também realizadas automática e espontaneamente em uma economia de mercado real, porém mais difícil de ser visualizada pelo observador devido ao infinito número de mercadorias e de pessoas envolvidas nas transações, que ainda contam com um meio de troca chamado dinheiro. Foi por isso que Adam Smith descreveu o sistema de livre mercado como sendo guiado por uma "Mão Invisível"; o governo não deve fazer redistribuição de renda porque não há nada mais justo do que o mercado para fazer este trabalho. Quem produz ou auxilia quem produz será devidamente recompensado pelas leis de mercado. E o governo que não se preocupe: tudo o que for produzido será distribuído porque ninguém é louco para produzir e jogar no lixo. Será que é preciso o povo dar tanto dinheiro através de impostos ao governo para pagar altos salários para burocratas interferirem nesse sistema que funciona tão magnificamente automatizado? Ou estamos jogando dinheiro fora e diminuindo a produtividade do país? O burocrata que recebe para fazer coisas desnecessárias e antiproducentes poderia estar em outra atividade produtiva e ajudando a melhorar a produtividade. Note quantas vezes menciono a palavra *produtividade* no desenrolar deste livro. Esta é uma palavra-chave. Quantas vezes você já ouviu que é uma vergonha o Brasil ser a sexta economia do Planeta e ter uma baixa qualidade de vida. Quem faz esse questionamento é um analfabeto econômico. Temos que olhar é a renda *per capita*, que é a produção dividida pelo número de habitantes, ou seja, o que temos que melhorar é a produtividade.

Não é a benevolência dos empresários nem as pressões políticas que aumentam os salários em termos reais, mas, sim, uma imposição do mercado pela combinação de dois fatores relacionados à acumulação de capital: a **escassez da mão de obra** e o **aumento do PIB** *per capita*. Verifica-se que, nos países onde funciona o sistema de livre mercado, os salários dos trabalhadores são mais altos. A diferença é que o liberalismo/capitalismo prega uma maneira sensata de aumentar salários, residindo na acumulação de capital a única maneira sólida, consistente e duradoura de aumentar os salários dos trabalhadores e diminuir o desemprego. Aliás, a ordem é inversa: primeiro ocorre a diminuição do desemprego e, em seguida, o aumento dos salários.

A diminuição do desemprego, de forma consistente, conseguida pela acumulação e investimento do capital, produzirá, portanto, um segundo efeito em benefício dos trabalhadores, que é o aumento da média salarial real de todos os trabalhadores. Como isso ocorrerá? Existe uma relação comercial entre trabalhadores e empresários, que consiste na venda de mão de obra pelos trabalhadores aos empresários, cujos preços são determinados pelas leis de mercado, como qualquer outra mercadoria. (Os marxistas e todos os que não compreendem o funcionamento do livre mercado não aceitam a comparação do trabalho com outra mercadoria qualquer. É preciso entender-se que não estamos comparando **pessoas** com mercadorias, mas o **trabalho** dessas pessoas com outras mercadorias.) Mas, neste caso, os empresários são os consumidores de mão de obra e os trabalhadores são os fornecedores. Uma vez que aceitamos – e não há como negar que em uma economia de mercado tudo o que é abundante é barato e tudo o que é escasso é caro –, então com 7% de desempregados em uma economia ativa de 50 milhões de pessoas, temos uma oferta de mão de obra de 3,5 milhões de desempregados. Se, através da acumulação de capital, conseguirmos reduzir a taxa de desemprego para 5%, teremos 2,5 milhões de desempregados e podemos dizer que a oferta de mão de obra estará, neste caso, menos abundante, o que forçosamente, de acordo com as leis de mercado, fará com que os salários subam. (Em outras palavras, podemos dizer que os aumentos espontâneos dos níveis gerais de salários – determinados pelo mercado – são diretamente proporcionais à diminuição do índice de desemprego.) É claro que ninguém estará satisfeito com um índice de 5% de desemprego. A meta é o pleno emprego, e isso só será conseguido com a permanente, ininterrupta e crescente acumulação de capital. Uma vez atingido o pleno emprego, os salários dos trabalhadores estarão em patamares jamais alcançados antes, isto porque a coisa mais difícil de ser verificada, mais escassa, será um trabalhador disponível, desempregado. A rotatividade de mão de obra que se observa hoje, não por culpa, mas por interesse e ação dos empregadores no sentido de diminuir salário, se transformará em uma rotatividade de mão de obra de interesse e ação dos trabalhadores no sentido de aumentar salário. Isso significa que, ao invés de o trabalhador ser demitido e substituído por outro com salário menor, como ocorre hoje, ele próprio pedirá demissão para trabalhar em outra empresa por um salário maior. No caso do funcionamento completo de uma economia de mercado, inclusive para os salários, os *sindicatos-trampolins* dos *politiquinhos-bonzinhos* perderão a sua função de defensores dos fracos e oprimidos, o que, certamente, não os agrada.

As hordas de trabalhadores *sem-terra* – matéria-prima usada e manipulada pela *seita revolucionária* chamada MST, cujo objetivo principal não é a reforma agrária, mas, sim, a implantação do sistema socialista/comunista no Brasil –, que antes de tudo são desempregados que perambulam pelas beiras das estradas e invadem as propriedades privadas, serão absorvidas pelas empresas, que a esta altura estarão disputando cada trabalhador com ofertas de empregos cada vez mais atrativas. Não há dúvida de que a acumulação de capital é condição indispensável para resolver, também, a questão dos *sem-terra*. A solução para o problema deles não está na proposta socialista/comunista da reforma agrária, do simples loteamento das propriedades rurais privadas, como foi feito em outros países em outras épocas. Já não cabe no mundo atual esse tipo de agricultura manual arcaica *ala chinesa,* da foice e da enxada. É necessária a produção em escala para atender à crescente demanda de alimento de que o mundo carece.

Não há lei do governo, não há sindicato e não há greve que possa aumentar em termos reais os salários dos trabalhadores. Os aumentos nominais conseguidos na marra, ou por força de lei, geram distorções na economia, as quais, no final das contas, prejudicarão os próprios trabalhadores. Aliás, a simples paralisação de atividade (greve) é fator de diminuição geral dos salários, pois contribui para a diminuição da produção geral do País, e com efeito ainda mais negativo quando há a destruição de patrimônio. Em uma economia de mercado verdadeira, inclusive para salários, não há a necessidade de greve. Quando um trabalhador entender que está sendo mal remunerado pelo trabalho que realiza, pede demissão e procura outro que lhe pague mais. Em uma economia de mercado verdadeira, inclusive para o mercado de trabalho, não há lugar para o tabelamento e mesmo o salário mínimo deve ser extinto. Se o salário mínimo fosse extinto hoje, haveria uma enorme geração de empregos, e em algum tempo de liberdade de preços de salários, o salário mais baixo seria muito superior ao salário mínimo oficial de hoje. Nesse caso, não seriam necessárias as esmolas que o governo vem distribuindo à população pobre desempregada, das quais uma grande parte fica pelo caminho, desviada pela indústria dos profissionais espertalhões (atravessadores de benefícios) ligados a esses programas de governo.

Somente pela acumulação de capital será possível o aumento real dos salários, porque a única maneira de fazê-lo em termos reais é pelo aumento da produção em relação à população, ou seja, pelo aumento da produtividade, inclusive o salário mínimo. De nada adianta aumentar a quantidade de papel pintado (notas de papel moeda) no bolso do trabalhador se não for aumentada a produção em um ritmo superior ao aumento da população. Se a elevação do salário mínimo dependesse de mera vontade política, como pregam aqueles que ainda não entenderam o funcionamento do livre mercado, então que se decretasse logo um valor de 4 ou 5 mil reais, e não de míseros 780 reais, sobre os quais o governo e vários políticos populistas e demagogos se vangloriaram de ter proposto e aprovado no Congresso Nacional. Todos os demagogos querem ser os pais do aumento do salário mínimo. Mas a questão não é tão simples assim. Não pode existir qualquer pessoa bem-intencionada neste País que não se sensibilize e não seja a favor de um salário digno para todo o trabalhador brasileiro. No entanto, este salário não pode ser decretado por nenhum governo, por nenhum Congresso, por nenhum Paim. Decretar níveis de salários, inclusive o salário mínimo, acima do que o mercado pode pagar naquele momento é o mesmo que tentar construir o segundo andar de um prédio sem antes ter construído o primeiro. Os aumentos de salários determinados por lei ou por pressão de sindicatos são falsos por não possuírem sustentação econômica real, e tudo o que conseguem é a diminuição real dos salários e o aumento do desemprego, a médio e longo prazos. Para que os sindicatos consigam melhores resultados para os trabalhadores, devem agir com inteligência e se concentrarem em reivindicações em segurança e condições de trabalho, pois o Brasil ostenta índices alarmantes de acidentes do trabalho, e deixar a questão de salários para o mercado resolver.

Há comparações entre o salário mínimo de hoje com o de 1940. Em 1940, o salário mínimo comprava muito mais produtos do que hoje. Em 70 anos, a intervenção econômica e a falta de um sistema eficiente de acumulação de capital conseguiram reduzir o salário mínimo significativamente.

O salário mínimo pode ser comparado com um caminhão que possui 12 marchas, totalizando 12 velocidades possíveis. O que os políticos socialistas/comunistas e os demagogos de direita querem fazer – tal qual uma pessoa que não sabe dirigir o caminhão, e não compreende o seu sistema de engrenagens – é arrancar o veículo carregado com 30 toneladas, em sexta ou sétima marcha, em uma subida. Coisa impossível. Todos nós queremos que o caminhão viaje em 12ª marcha, mas para isso é necessário arrancar em primeira, passar a segunda e alcançar a velocidade paulatinamente, marcha por marcha. Se o caminhão, depois de ter alcançado a velocidade normal, andando na 12ª marcha, encontrar uma subida, terá que trocar a marcha para 11ª, 10ª, ou 9ª, dependendo do grau de aclive. Se não trocar as marchas no tempo certo, perderá velocidade e talvez tenha que engatar uma primeira e começar tudo novamente. O sistema de preços de salários, em um mercado livre, funciona como uma caixa de câmbio automática, em que no momento necessário trocará a marcha para 11ª e 10ª, evitando que o motor perca força e velocidade, para, em seguida, depois de vencida a dificuldade, voltar a andar em 11ª e 12ª, e até acrescentar outras marchas. Para cada velocidade existe uma marcha adequada para que o caminhão prossiga na sua viagem normalmente, assim como para cada nível de desenvolvimento há um nível salarial compatível determinado pelo mercado e que não pode ser atropelado, sob pena de prejudicar todo o sistema, e, por primeira consequência, causar o desemprego daqueles que estão menos preparados profissionalmente e que recebem salários mais baixos. No Brasil e em muitos outros países anticapitalistas, é proibida por lei a troca de marcha automática pelo chamado *direito adquirido*. Temos uma caixa de marchas burra, semelhante a uma catraca: para frente troca, para trás tranca. Sendo assim, o caminhão do salário nunca consegue alcançar as marchas de maior velocidade, é obrigado a andar em uma marcha que possa subir qualquer ladeira, ou seja, níveis salariais baixíssimos e alto índice de desemprego. Se fosse permitido que os salários acompanhassem os altos e baixos da economia, isso ajudaria a promover um maior desenvolvimento da economia e a elevação dos salários a longo prazo.

Se concordarmos que quanto maior for a acumulação de capital, maior e mais rápido será o desenvolvimento, como descrito na metáfora dos ovos e das galinhas, então podemos dizer que, quanto maior for o lucro das empresas, maior e mais rápido será o desenvolvimento de um país. Porém, *lucro* é palavrão no dicionário socialista. E o seu receituário é muito utilizado no Brasil. Uma das receitas socialistas é o imposto progressivo, cuja função é *expropriar a burguesia enquanto o socialismo não for implantado definitivamente.* Com isso, países como o Brasil impedem que o capitalismo funcione com todas as suas características. Aparentemente o Brasil é capitalista, mas é um capitalismo sabotado nos seus princípios. A economia de mercado que é de característica dinâmica não consegue funcionar com tantas travas em todos os lados. As empresas brasileiras que já arrastam uma das mais pesadas cargas tributárias do mundo no decorrer do ano, ao fecharem seus balanços, serão tanto mais penalizadas quanto maior for o seu lucro, através do Imposto de Renda da Pessoa Jurídica (IRPJ), o qual, durante muito tempo, foi cobrado através de alíquotas progressivas. Se as empresas pudessem dispor de todo o seu lucro poderiam investir mais, gerar mais empregos com consequente aumento dos salários reais. No entanto, uma parte do lucro é arrecadada das empresas para ser atirada no poço sem fundo da gastança improdutiva do governo.

Eu sei o que você está pensando. Os empresários não são esses anjos que só querem o bem-estar das pessoas e que todos ganhem muito dinheiro e vivam felizes. Não. O que move os empresários não é o altruísmo. O que os move é o egoísmo e a ganância pelo lucro. E essa é uma das grandes virtudes do capitalismo, pois não depende da solidariedade, mas do interesse próprio para acionar as turbinas propulsoras do progresso. O egoísmo e a ganância são características da raça humana em geral. Mas, para ser um empresário bem-sucedido, não basta ser ambicioso. É necessário reunir todos os atributos do empreendedor. Os empreendedores são as locomotivas do desenvolvimento de um país. São eles que puxam o progresso, guiados pelos consumidores, diariamente, pela comunicação codificada da compra ou na recusa da compra dos seus produtos, quando o consumidor, através desse código, ordena: quero que vocês produzam mais disto e menos daquilo e a tais preços. Os empresários de intuição mais aguçada quanto ao desejo de consumo das massas serão os mais bem-sucedidos. No capitalismo existe um processo de seleção natural, no qual os consumidores, inconscientemente, "escolhem" os empresários mais criativos e mais dinâmicos, os quais melhor entendem as necessidades desses consumidores. No capitalismo, tudo é feito para satisfazer o consumidor e é por isso que se diz que ele é o soberano. Essa comunicação codificada através dos preços entre empresários e consumidores não existe fora do sistema capitalista. No engessado e estático sistema socialista/comunista não existem nem empresários privados (as pessoas que lideram a economia são burocratas do partido, são planejadores centrais que, além de não serem os melhores, porque não foram "escolhidos" pelos consumidores, também não dispõem da sinalização desses consumidores) nem sistemas de preços livres, o que transforma o sistema econômico socialista em um sistema sem rumo e estagnado, que pode ser comparado a um barco sem leme, sem motor e sem bússola.

Um empresário rico, licitamente bem-sucedido, não está no topo da pirâmide social arbitrariamente. Ele está lá porque ofereceu algo que foi *eleito* (comprado) por uma grande parcela da população. As pessoas elegeram o seu produto ou o seu serviço como sendo o mais adequado em termos de preço e qualidade. Porém, a eleição de hoje não garante o sucesso de amanhã. A cada dia que nasce, novos desafios devem ser enfrentados, o que torna o sistema capitalista uma *eleição* diária e dinâmica, na qual os empresários disputam os votos (a preferência pela compra) dos consumidores com novos produtos e a preços cada dia mais competitivos. Este é o verdadeiro sentido de democracia econômica do sistema capitalista, na qual **todos** os integrantes da sociedade podem ser, livremente, candidatos e eleitores, ou seja, empresários e consumidores. O lado econômico do liberalismo/capitalismo se assemelha a um sistema político eleitoral democrático, porém natural e inconsciente, principalmente por parte do consumidor, que não está pensando em enriquecer o fabricante, mas, sim, em tirar proveito do produto que está comprando. Nesse sentido, tal sistema não garante o sucesso a ninguém em especial, mas permite a todos os integrantes da sociedade persegui-lo e conquistá-lo. Não permitir que os melhores empresários liderem a economia é como não permitir que a política seja liderada pelos políticos mais votados. Portanto, não permitir o livre mercado pode ser considerado uma ditadura econômica, assim como é considerada uma ditadura política não permitir a livre escolha dos líderes políticos.

A fórmula do liberalismo/capitalismo é a mais democrática e abrangente de todas. Liberdade política e liberdade econômica: esta é a única fórmula para se promover o desenvolvimento da humanidade.

Para ser um cantor de sucesso não basta querer e ter força de vontade. É preciso nascer com uma voz privilegiada. O empresário é também um tipo de artista nato. Como disse o poeta e ex-comunista Ferreira Gullar: "O empresário é um intelectual que, em vez de escrever poesias, monta empresas. É um criador, um indivíduo que faz coisas novas." Mas ser filho de empresário não é garantia de sucesso; é preciso continuar abrindo caminho e vencendo obstáculos. É por isso que, em uma sociedade livre, há herdeiros ricos que ficam pobres, por não saberem conduzir os negócios como seus ascendentes o faziam. É o problema sucessório enfrentado pelas empresas quando as novas gerações assumem o comando. E há os novos ricos, que emergem do nada para construir fortunas. Em uma sociedade capitalista há inúmeras classes sociais; o rico pode ficar pobre e o pobre pode ficar rico, dependendo exclusivamente do seu trabalho, do seu talento e da sua capacidade empreendedora. É o sistema no qual os melhores sempre estarão à frente, conduzindo a sociedade com mais eficiência e rapidez a níveis inimagináveis de prosperidade.

A luta de classes de que falam e a que incitam os nossos neocomunistas e neossocialistas, atualmente, é inspirada na história da luta de classes da época em que a profissão era passada de pai para filho e era proibido trocar de profissão. O rico nascia e permanecia rico. O pobre nascia e morria pobre. Era proibida a ascensão e o descenso social do indivíduo. Não havia a mobilidade social que existe hoje. A luta de classes, hoje em dia, só existe na cabeça desses marxistas retrógrados, que sonham em organizar um exército de *sem-terras* e desempregados – subprodutos da intervenção econômica – para repetir o fracasso do socialismo marxista soviético.

O que fará então o empresário com os lucros acumulados se não investir no seu negócio? Almoçará e jantará várias vezes por dia, para aproveitar e saborear bem todo o seu lucro? Não. Assim como *não há almoço de graça*, também ninguém almoça duas vezes. Não há como o proprietário do capital acumulado consumi-lo em gastos pessoais ou com sua família, a não ser uma ínfima parte do que possui, porque uma das principais características do empresário bem-sucedido é a frugalidade, a parcimônia. A prodigalidade é característica de empresário falido ou de não empresário. É impossível existir capital acumulado por um esbanjador, assim como não se consegue amontoar a poeira com um ventilador. Falar em empresário rico e esbanjador é o mesmo que falar em alguma espécie de *quadrado triangular,* ou seja, algo inimaginável ou impossível. O capital acumulado pelo indivíduo frugal é como se não lhe pertencesse, por assim dizer, mas, sim, a toda a sociedade, e será administrado e investido por ele, mas com o objetivo da multiplicação desse capital. O resultado disso é a geração de novos empregos, progresso, desenvolvimento, ou seja, a inclusão das novas gerações ao processo econômico. O capital acumulado sempre será usado em benefício do povo, seja para o nosso povo, ou para o povo de outro país. Será usado onde houver o ambiente mais favorável a sua multiplicação. O certo é que o capital não será consumido por quem o acumulou, por se tratar de uma pessoa parcimoniosa. É impossível um indivíduo ser poupador e esbanjador ao mesmo tempo, a não ser que sofra do desvio psíquico da dupla personalidade, mas esses casos são muito raros.

Um assalariado de classe média e desambicioso muitas vezes aproveita melhor os prazeres da vida e vive melhor do que um rico. O rico não gosta de gastar dinheiro e é por isso que ele é rico. O maior prazer do rico é trabalhar, acumular dinheiro e gastar o mínimo possível. O rico não se permite desfrutar abundantemente da sua fortuna e leva uma vida regrada. O papel do rico avarento é de vital importância para o desenvolvimento da economia. Ele presta um serviço inestimável à sociedade, porque no sistema capitalista alguém tem que economizar (acumular). Se todos os integrantes de uma sociedade consumirem tudo o que produzem, em pouco tempo tal sociedade entrará em decadência econômica. Por isso, um governo inteligente deveria incentivar e facilitar para que as empresas obtivessem o maior lucro possível. Mas, infelizmente, o que se observa em países anticapitalistas como o Brasil é justamente o contrário. O lucro é malvisto no Brasil. Aqui, ganhar dinheiro é imoral. Quando os governantes percebem bons resultados em algum setor da economia, tratam logo de aumentar alíquotas e inventar novos impostos para sobrecarregar ainda mais o fardo tributário e, por consequência, diminuir a velocidade do desenvolvimento em relação à velocidade da reprodução populacional, garantindo, assim, a perpetuação da pobreza.

Então o empresário bem-sucedido poderá enviar seu lucro acumulado às custas dos trabalhadores para um paraíso fiscal? Sim, se houver ameaça de confisco do seu capital ou se não houver tranquilidade para a sua aplicação. Quando falamos de confisco, talvez a maioria das pessoas já nem se lembre, e os jovens com idade em torno dos 20 ou 30 anos não viveram a situação da época do Plano Cruzado, em 1986, quando os bois eram caçados no campo pela Polícia Federal e arrancados das mãos dos seus proprietários para serem abatidos e vendidos por preços arbitrados pelo governo. Um verdadeiro abigeato oficializado.

Gerentes de lojas e de supermercados eram presos acusados de venderem produtos por preços *fora da lei*. Tudo isso em nome de um plano econômico de orientação socialista/comunista, comandado pelo então presidente José Sarney. Mas quem foi preso, acusado do *crime* de praticar a economia de mercado e/ou teve o seu patrimônio solapado pela estupidez daquele plano, jamais se esquecerá. Certamente há bilhões do capital brasileiro aplicado fora do País, por culpa de planos desastrados, políticos estúpidos e economistas medíocres. Alguém poderá fazer, aqui, a defesa de que Sarney não é nem nunca foi socialista ou comunista. Concordo que no rótulo ele não é, mas em essência foi. Não confundamos as rotulações com as ações. É aí que a esquerda e a direita se encontram.

Portanto, quando falamos em confisco da propriedade privada, não é invenção nem exagero, é pura realidade.

Ainda bem que as leis da natureza, como a força do vento e a gravidade, não podem ser revogadas por nenhum governo de nenhum país, porque se pudessem, os governantes já teriam destruído este planeta. Porque as forças das leis de mercado são revogadas na maioria dos países, destruindo suas economias, não sendo levado em conta que provêm da natureza humana.

Não é a boa vontade política paternalista dos governos e, sim, a natureza individualista e aventureira do homem com suas empresas privadas que fazem o mundo evoluir a passos cada dia mais largos, apesar dos governos.

É desejável que os lucros acumulados às custas de toda a sociedade sejam enviados para outro país? Obviamente que não. Então criemos um clima político e econômico favorável, não apenas visando à permanência do capital nacional que é escasso, mas acima de tudo para atrair o capital internacional. Não é com chicotadas e pedradas que se domestica um lobo. Ninguém, em sã consciência, constrói sua casa ao sopé de um vulcão prestes a entrar em erupção. Não é com a ameaça de confiscos, as invasões das propriedades privadas, a intervenção econômica via controles de preços, o excesso de regulamentação, a falta de um sistema eficiente de acumulação de capital através de planos privados de aposentadorias e a alta carga tributária que se conseguirá criar um clima favorável ao crescimento econômico do nosso País.

Até bem pouco tempo, 20 ou 30 anos atrás, quando o socialismo ainda estava mais ou menos em moda, diziam, e ainda hoje há quem diga, que as empresas estatais não foram criadas para dar lucro e, sim, para cumprir uma *função social* e garantir a *soberania nacional*. Ora, em um país como o Brasil, onde 70% da economia era representada por empresas estatais que não davam lucro, pelo contrário, a maioria delas dava prejuízo; em um país onde jamais existiu um sistema eficiente de formação de poupança (acumulação de capital), não poderia haver desenvolvimento sustentado. O governo, então, foi buscar empréstimos no exterior para aplicar nas nossas ineficientes, inchadas e deficitárias empresas estatais, que, obviamente, não deram o resultado necessário para amortizar os empréstimos contraídos internacionalmente. Este foi um dos fatores do crescimento da dívida externa brasileira, e que causou sérias dificuldades à recuperação da nossa economia nas décadas de 1980 e 1990. Mas os socialistas/comunistas brasileiros acusam o *neoliberalismo* pelo estado de atraso econômico do Brasil e da miséria em que vivem milhões de brasileiros, quando na verdade foi justamente a falta de um capitalismo verdadeiro, a falta de um sistema de acumulação de capital, a falta de um mercado livre, o excesso da intervenção do governo na economia e a proliferação de empresas estatais que nos conduziram ao alto índice de desemprego, aos baixos salários e ao subdesenvolvimento em que nos encontramos.

A MOEDA

Analisando de um ângulo diferente do costumeiro, vamos tentar entender por que os governos de vários países acabam interferindo nas suas economias, principalmente no que tange a preços. Os governos têm suas receitas através dos impostos arrecadados da população. O dinheiro arrecadado em impostos é gasto, teoricamente, em benefício da população. Mas, como está demonstrado historicamente, os governos em geral são maus administradores e, muitas vezes, em nome da demagogia da justiça social, e na tentativa de acelerar o crescimento, acabam gastando mais do que arrecadam, e se valem, então, da máquina de fabricar dinheiro para pagar seu excesso de consumo. Há alguns Estados da Federação que chegam a gastar mais de 85% do que arrecadam com a folha de pagamento, com a máquina administrativa. Isso equivale ao mesmo que um caminhão-tanque, ao transportar 30 mil litros de combustível, de São Paulo ao Rio Grande do Sul, consumir 25,5 mil litros durante o trajeto e só entregar 4,5 mil litros no destino. Convenhamos, isso é o cúmulo da ineficiência.

    O governo, em todos os níveis, em um país como o Brasil, é um grande consumidor de todos os tipos de produtos. Consome desde açúcar e café para os seus funcionários, até veículos de todos os tipos e tamanhos. Mas, além de ser um grande consumidor onipresente a ponto de influenciar natural e substancialmente no sistema de preços, o governo é, também, o único consumidor que pode fabricar dinheiro para gastar e concorrer de modo desleal com os outros consumidores, ou seja, com a população em geral, que ganha o seu dinheiro com o suor do rosto. Quando o governo toma tais atitudes desastradas e inconsequentes, o resultado é o que chamamos de inflação, com a inevitável alta geral de todos os preços. A definição de *inflação*, que se encontra em um bom dicionário é a seguinte: grande emissão de papel-moeda, em geral sem a garantia de lastro necessário à circulação fiduciária, ocasionando a sua desvalorização.

Carrego uma dúvida comigo sobre a interpretação que os socialistas/comunistas e os intervencionistas têm sobre a inflação. Não sei se eles compreendem como o sistema funciona ou se realmente acreditam que os culpados pela inflação sejam os empresários, como sempre afirmam. Se for a primeira hipótese, são hipócritas. Se for a segunda, ignorantes. Vou tentar explanar agora, da maneira mais simplificada possível, o funcionamento do sistema monetário de um país.

Há milhares de anos nas civilizações mais atrasadas as trocas dos produtos eram feitas por escambo, mas antes da invenção do dinheiro tal como o conhecemos hoje muitas outras mercadorias foram utilizadas para se proporcionar as trocas de produtos. Eram, naturalmente, eleitos produtos que pudessem ter uma relação comum o mais estável possível com todas as outras mercadorias existentes para que pudesse ser aceita pelo maior número possível de pessoas envolvidas. O sal foi utilizado – vem daí a palavra *salário* –, assim como os metais. Isso foi sendo aperfeiçoado até chegarmos ao atual sistema monetário, no qual é utilizado o papel--moeda para se efetuar as trocas de todos os produtos. O dinheiro, portanto, é uma anônima invenção que foi naturalmente desenvolvida pela necessidade humana. E o dinheiro é, também, uma convenção. Convencionou-se atribuir valor a um pedaço de papel pintado com a chancela do Estado. Dito isso, concluímos que o dinheiro é um instrumento útil e necessário para promover e facilitar as trocas de produtos entre as pessoas e entre as empresas, ou seja, entre os agentes econômicos. Quero afirmar, ainda, que a economia pode funcionar com qualquer quantidade de dinheiro, conforme será demonstrado, mas que, uma vez estabelecida, essa quantidade não pode ser alterada, a não ser em função da alteração do PIB (Produto Interno Bruto), que é a soma de tudo o que é produzido pelas empresas dentro do país.

O PIB do país é constituído de milhares de itens e das mais variadas quantidades e valores, mas vamos, a título de exemplificação, supor que, em dado momento, existam somente **100 unidades iguais de produtos**, e queremos estabelecer a quantidade de dinheiro que será colocado em circulação, para facilitar as trocas (as operações de compra e venda). Podemos arbitrar a quantidade em **100 unidades de dinheiro (100 reais)**. Para que não sobrem nem dinheiro nem produtos, o mercado se encarregará, automaticamente, de estabelecer que cada unidade de produto custará uma unidade de dinheiro (**1 real**), pela divisão da quantidade total de dinheiro em circulação pela quantidade total de produtos existentes dentro do país – 100 reais divididos por 100 produtos é igual a 1 real – 1 produto vale 1 real. Se tivéssemos arbitrado a quantidade de dinheiro em **200** unidades, cada unidade de produto seria ajustada automaticamente pelo mercado em **2 reais**, pela divisão de 200 reais por **100 produtos**. No nosso exemplo, para facilitar a análise, vamos continuar com 100 reais. Enquanto o produto permanecer em 100 unidades e a quantidade de dinheiro também permanecer em 100 unidades, de acordo com as leis de mercado, o preço de cada unidade de produto não se alterará e continuará custando 1 real eternamente. A lei de mercado mantém esse equilíbrio. Quando se fala em lei de mercado, não estamos falando de uma lei ditada por alguém todo-poderoso que tudo pode controlar ou votada em um parlamento, mas, sim, de um processo interativo espontâneo e natural da convivência humana, no qual cada um busca o seu interesse individual.

Agora, observemos o que acontece quando a quantidade de dinheiro é alterada, sem que haja, também, alteração na quantidade do produto. Suponhamos que a quantidade de dinheiro seja aumentada em 10%. Passaremos, agora, a ter 110 unidades de dinheiro (110 reais) e as mesmas 100 unidades de produto. Para que o mercado mantenha o equilíbrio automático entre dinheiro em circulação e produtos à disposição, pela divisão da quantidade de dinheiro pela quantidade de produtos, temos 110 unidades de dinheiro (110 reais) divididos por 100 unidades de produtos, que é igual a 1,10 (um real e dez centavos, valor da unidade de produto). Houve uma **correção** de preço devido a uma **inflação** de 10%. Ou também pode-se dizer que houve uma desvalorização da moeda devido a uma inflação de 10%. Quem colocou esses 10% a mais de dinheiro em circulação? As pessoas particulares não foram, nem as empresas. Se alguém fabricar dinheiro, será preso como falsário. Foi alguém que detém a autorização para a fabricação de dinheiro. Nenhuma entidade particular tem esse direito. Somente o governo pode fabricar dinheiro. De que maneira o governo introduz essa quantidade a mais de dinheiro no mercado? Gastando de várias maneiras, pois, como foi dito antes, o governo é um consumidor onipresente de todos os tipos de produtos.

Farei mais três simulações, alterando a quantidade de produtos e a quantidade de dinheiro em circulação, visando a demonstrar a diferença entre inflação e alta de preços:

1) Se a quantidade de dinheiro for diminuída em 10% e mantida a quantidade de produtos, teremos 90 unidades de dinheiro para 100 unidades de produtos. Então, 90 reais divididos por 100 produtos é igual a 0,90 (noventa centavos, valor de cada unidade de produto). Tivemos uma **correção** de preço para baixo devido a uma **deflação** de 10%.

2) Se houver uma diminuição na quantidade de produtos para 90 unidades e for mantida a quantidade de dinheiro em circulação em 100 unidades de dinheiro, teremos 100 reais divididos por 90 unidades de produtos, que é igual a 1,11 (um real e onze centavos). Tivemos uma **alta de preços** de 11% **pela diminuição do produto**, sem que tenha havido inflação. (Neste ano de 2015 além da inflação em alta, teremos, segundo as previsões, uma diminuição do PIB,

e isso contribuirá para um aumento ainda maior dos preços das mercadorias, numa combinação sinistra de aumento da quantidade de dinheiro em circulação e diminuição do PIB).

3) Se houver um aumento na quantidade de produtos em 10%, sem que haja alteração na quantidade de dinheiro em circulação, teremos 100 reais divididos por 110 produtos, o que é igual a 0,90 (noventa centavos, valor de cada unidade de produto). Tivemos uma **baixa do preço** de 10% **pelo aumento da quantidade de produtos**, sem que tenha havido deflação.

Para que os preços se mantenham estáveis, um aumento da produção deve ser acompanhado de um aumento da quantidade de dinheiro em circulação. Isso significa que o governo, que detém o monopólio da fabricação de dinheiro, se apropria de graça de tudo o que a sociedade produz a mais do que vinha produzindo antes. É um imposto invisível para o qual ninguém, até agora, se deu conta. Se não fosse assim, os preços ficariam mais baixos em decorrência do aumento do PIB, e os salários dos trabalhadores, mesmo que não tivessem aumentos nominais, comprariam mais produtos do que compravam antes. Pode-se dizer que se não houvesse governo, qualquer aumento do PIB *per capita* teria reflexo imediato em aumento salarial para os trabalhadores via livre mercado. Pelo fato de o governo ser péssimo administrador e de se apropriar de tudo aquilo que a sociedade produz a mais, é que o progresso econômico se torna tão difícil. É por isso que todas as pessoas deveriam entender o sistema monetário, que, afinal de contas, não é, assim, tão complicado. Se a maioria das pessoas soubesse disso, o governo não teria como nos enganar, como vem fazendo de longa data.

Essas considerações são válidas para um mercado que esteja funcionando livremente, sem a interferência do governo no que se refere a preço. É óbvio, também, que, na realidade, o sistema não é tão simplificado como apresentado nas simulações, porém o princípio de funcionamento está totalmente correto.

Diante do exposto, podemos concluir que os preços nominais de mercado dependem da quantidade de dinheiro em circulação e da quantidade de produtos em oferta. Portanto, os preços podem variar por duas razões: 1ª) Quando os preços oscilam em função da variação da quantidade de produtos ou variação do consumo é alta ou baixa dos preços. 2ª) Quando os preços oscilam em função da variação da quantidade de dinheiro em circulação é inflação ou deflação. Por isso, quando há uma alta de **todos** os preços dentro do País, e se sabe que praticamente não houve variação do PIB, é sinal de que o governo está fabricando dinheiro para gastar, está aumentando a quantidade de dinheiro em circulação sem o correspondente aumento da produção. Portanto, nos processos inflacionários, é ignorância técnica das pessoas e das entidades acusar os empresários e o *neoliberalismo* ou a quem quer que seja de responsáveis pela inflação. Em qualquer país, o governo é o responsável pela inflação, pois detém o monopólio da fabricação de dinheiro. E, aos defensores da teoria da inflação inercial nada tenho a opor, apenas acrescento que, da mesma maneira, o governo é quem causa o desequilíbrio inicial, vencendo a inércia da estabilidade e dando a partida aos processos inflacionários.

Pode-se visualizar nesse quadro que a situação ideal para o trabalhador (consumidor) é haver aumento na oferta do produto (**aumento do PIB**) e escassez na oferta de mão de obra (**diminuição do desemprego**). A combinação desses dois fatores, que são fomentados pela acumulação de capital, fará os preços dos produtos baixarem e os valores dos salários subirem, natural e gradativamente. E é dessa maneira inteligente e pacífica que o capitalismo/liberalismo promove uma melhor distribuição de renda, sem luta de classes, sem greves, sem destruição de patrimônios, sem vítimas e sem consumo de energia humana desnecessário, infrutífero e antiproducente. É muito comum se ouvir nos noticiários a expressão "inflação dos alimentos". Quem usa este tipo de expressão (quase todo mundo) está mal informado sobre o sistema monetário que usamos. Não existe inflação de um produto em especial ou de um grupo de produtos. Nesses casos está havendo ou uma diminuição da produção ou um aumento do consumo do produto ou do grupo de produtos em questão, ocasionando um reajuste de preço maior do que o restante dos produtos que compõem o índice geral de preços. Claro que no Brasil – com uma inflação "oficial" de quase 10% ao ano – em qualquer reajuste de preço há também um componente inflacionário.

Em todos os países existentes sobre a face da Terra, dos mais socialistas aos mais capitalistas, os seus governos possuem o monopólio da fabricação de dinheiro. Dessa maneira, o governo é o responsável e quem deve zelar pela manutenção do valor da moeda do país. Como é que o governo evita a desvalorização da moeda? Evitando aumentar a quantidade de dinheiro em circulação além do necessário. E como é que o governo evita o aumento da quantidade de dinheiro em circulação além do necessário? Mantendo as suas contas equilibradas, isto é, não gastando mais do que arrecada. O governo só pode aumentar a quantidade de dinheiro em circulação quando primeiro for aumentada a quantidade do produto.

Não é de admirar que a maioria da população não instruída desconheça a relação existente entre o aumento da quantidade de dinheiro em circulação e a inflação. (A emissão é a inflação em si mesma e a subida dos preços, a consequência.) O que não se pode admitir é que certas pessoas influentes e formadoras de opinião, principalmente economistas pós-graduados, depois de passarem vários anos debruçados sobre o estudo dos problemas econômicos, não compreendam essa relação elementar. Não acredito que não compreendam; é má intenção mesmo. E são sempre aqueles encostados nos governos. Algumas vantagens devem estar levando ao endossar ideias tão estapafúrdias. É de causar indignação quando se assiste aos repórteres, comentaristas e colunistas das maiores redes de comunicação do País, todos com formação superior, fazerem escola ao acusarem o chuchu ou o tomate de vilões da inflação do mês.

Imagine se só você pudesse fabricar dinheiro e fosse proibido o aumento dos preços! Você compraria o país inteiro. Agora imagine você, se os particulares não se defendessem do governo reajustando os preços dos seus produtos quando o governo emite dinheiro (fabrica papel pintado) acima do aumento do PIB, de maneira continuada. Ocorreria a transferência de todo o patrimônio particular para a posse do governo. Seria a intervenção total, ou seja, uma completa estatização, ou ainda, o socialismo econômico real.

Quando o governo congela preços e emite dinheiro sem lastro, causa uma total desorganização na economia de mercado, levando a iniciativa privada a uma situação muito difícil. Aí, então, o governo, apoiado pela elite burra ou mal-intencionada (não se sabe) e pela população ignorante – como já aconteceu neste País em outras oportunidades (é possível que ocorra novamente) –, poderá dizer aos empresários em má situação: *infelizmente, a iniciativa privada não é competente o bastante, visto que está falindo, nem socialmente justa, pois está demitindo seus empregados. A única saída é estatizar essas empresas.* Se não houver uma reação da sociedade civil, os socialistas/comunistas irão se utilizar desse artifício para promover a estatização, o que, aliás, já está ocorrendo na vizinha Venezuela.

O FMI há muito tempo vem tentando conscientizar os governantes dos países aos quais socorre da necessidade do rigoroso equilíbrio das contas públicas desses países. Contas públicas equilibradas criam um clima favorável ao desenvolvimento e impedem o avanço da intervenção econômica na iniciativa privada, isto é, impedem o avanço do socialismo. É por esse motivo que os socialistas/comunistas odeiam o FMI.

Até algum tempo atrás, as prefeituras e os governos estaduais debitavam o seu excesso de consumo por conta de empréstimos contraídos junto ao Governo Federal – operador da máquina de fabricar dinheiro – e que nunca eram saldados. Só se ouvia falar da rolagem e do aumento dessas dívidas. A Lei da Responsabilidade Fiscal tinha dado uma freada na gastança do governo, mas o PT inovou inventando a pedalada fiscal. É por isso que a inflação voltou. O governo causou a inflação inercial ao provocar o desequilíbrio de suas contas. Estamos correndo o risco de uma nova escalada da inflação. O que tinha sido conseguido com tanto esforço e sacrifício da população, inclusive com aumento de impostos, o PT jogou no lixo.

Voltando ao exemplo anterior, se a quantidade de produtos for aumentada de 100 para 110 unidades, a quantidade de dinheiro deverá ser aumentada também de 100 para 110 unidades de dinheiro, o que proporcionará a estabilidade do preço em 1 real, pela divisão da quantidade de dinheiro pela quantidade de produtos. Esta é uma relação econômico-matemática das mais elementares. Mas, os governos de vários países, incluindo-se os do Brasil, desde as épocas mais remotas até os dias atuais, vêm enganando as suas populações. Aumentam a quantidade de dinheiro em circulação, financiando o seu excesso de consumo sem o equivalente aumento da quantidade do Produto Interno Bruto (PIB), o que provoca uma alta geral de todos os preços. Fazem isso sorrateiramente, imaginando que ninguém perceberá. Mas o mercado funciona automaticamente quando percebe a alteração da quantidade de dinheiro em circulação e, ao longo do tempo, faz a correção, dividindo a quantidade de dinheiro pela quantidade de produtos. E quando o mercado responde, tentando se ajustar à nova quantidade de dinheiro em circulação (inundação monetária), os governantes intervencionistas e *fazedores* de planos econômicos anticapitalistas acusam os empresários de sabotadores e inimigos da Pátria. Os verdadeiros inimigos do povo são esses governantes irresponsáveis, ou mal-intencionados, que gastam mais do que aquilo que existe para gastar e levam os países a processos inflacionários, dos quais, para se livrarem, toda a população paga um alto custo social, momento em que os mais pobres são os maiores prejudicados. Essa é a situação do Brasil neste momento e da Argentina também, em situação ainda pior.

Em certas circunstâncias, por paradoxal que possa parecer, é prudente que se ande mais devagar para que se chegue em menos tempo e sem percalços a um objetivo almejado. Essa é a tática dos maratonistas vitoriosos. Para ganhar a corrida, eles não podem dar piques como se fossem correr 100 metros rasos. Com a economia de um país acontece o mesmo. Porém, os governantes, pressionados por grupos organizados e em nome da *justiça social*, com medo de perder a próxima eleição, ou mesmo para desacreditar o capitalismo verdadeiro, imprimem um ritmo de crescimento e de distribuição de benefícios superior à capacidade do País, para logo em seguida perder o fôlego e entrar em desaceleração econômica. É por isso que se verificam períodos alternados de crescimento e decréscimo econômico, provocados pela ânsia, algumas vezes até bem-intencionada dos governantes em acelerar o desenvolvimento. Estamos atravessando um período de recessão, devido às atitudes inconsequentes dos governantes anteriores. (Esta última frase foi escrita há mais de 10 anos, na primeira edição deste livro, e pode ser repetida hoje em relação à situação atual. Como podemos ver, o ciclo está se repetindo. Vão aprender ou não?) O País está em desordem, medidas urgentes são necessárias se não quisermos que a mesma frase esteja atual daqui a outros dez anos, e uma geração perdida.

Vamos supor agora que, como no exemplo anterior, existam 100 unidades de dinheiro e 100 unidades de produtos, situação em que o mercado estabeleceria, automaticamente, o preço de 1 real, dividindo a quantidade de dinheiro em circulação pela quantidade de produtos existentes. Digamos que o governo resolveu tabelar o preço da unidade de produto em 0,50 unidades de dinheiro (cinquenta centavos). Então as 100 unidades de produtos existentes serão compradas por apenas 50 unidades de dinheiro (cinquenta reais) e sobrarão outras 50 unidades de dinheiro (cinquenta reais) que não terão nenhuma serventia, pois que não há mais produtos à disposição. Haverá dinheiro e não haverá o que comprar. Isso ocorre sempre que o governo tabela e congela preços, pretendendo combater a inflação sobre a qual ele, governo, é o único responsável. Esse fenômeno é observado, ao longo da história, sempre que o governo tenta combater a inflação com controles de preços. Nos países socialistas, esse fenômeno é constante, porque todos os preços são tabelados e o sistema produtivo não consegue suprir as necessidades da população. As pessoas têm o dinheiro na mão, mas não encontram mercadorias para comprar.

Gostaria ainda de tecer alguns comentários sobre a relação internacional das moedas, ou seja, sobre o câmbio. Utilizando-me ainda do exemplo anterior, se um determinado país possui 100 unidades de produtos e 100 unidades de dinheiro, ou seja, um PIB de 100 e uma base monetária de 100, temos uma relação de 1/1. Se outro país possui um PIB de 1.000 e uma base monetária de 1.000, também temos uma relação de 1/1. Se esses dois países forem, por exemplo, respectivamente, Argentina e Brasil, uma maçã na Argentina terá o preço de 1 peso e no Brasil, de 1 real. Nesse caso, o mercado estabelece uma paridade cambial automática entre as moedas desses dois países: 1 peso é igual a 1 real, que é igual a 1 maçã. Se, no decorrer do tempo, houver evoluções desiguais na relação moeda/produto desses países, ou seja, se em um deles houver inflação maior do que no outro, a paridade deixará de existir. Se, na Argentina, houver um aumento da base monetária de 100 para 110, permanecendo o PIB em 100, e no Brasil mantendo-se os mesmos valores, a paridade cambial deixará de existir. Nessa nova situação, na Argentina é necessário 1,1 peso para se comprar 1 maçã, enquanto que, no Brasil, será necessário apenas 1 real, donde se conclui que 1 real equivale a 1,1 peso, o que equivale a 1 maçã. Quando, nesses casos, os países não permitem a livre flutuação do câmbio para se ajustar à nova situação, causam distorções nas relações internacionais de preço.

Se tabelam o câmbio, valorizando a sua moeda acima do valor que seria determinado pelo mercado, estão estimulando a importação e proporcionando uma concorrência predatória para a indústria nacional e a queima das reservas cambiais. Estão bancando uma insustentável situação de inflação, artificialmente, com as reservas cambiais que foram, pacientemente, acumuladas no decorrer do tempo. Enquanto as reservas vão sendo consumidas com a compra de produtos estrangeiros, em uma vã tentativa de conter a escalada dos preços, a verdadeira inflação vai aparecendo. Isso significa que o governo argentino, utilizando-se das reservas cambiais, banca por 1,1 peso (a preço internacional) e revende a maçã por 1 peso (a preço interno), numa tentativa de manter estável o preço doméstico. Você já deve ter ouvido ou lido a expressão "âncora cambial". Quem gosta de usar esse artifício fala que o câmbio controla a inflação. Está errado; é a inflação que interfere no câmbio. Por algum tempo, enquanto houver reservas, o câmbio pode ajudar a controlar os preços, não a inflação. É uma coisa temporária. É por isso que a Argentina está, agora, sem reservas internacionais e de chapéu na mão, mendigando a ajuda das instituições financeiras internacionais. Veja no que se transformou um país que era comparado aos melhores países da Europa. Tal é a dramática situação da Argentina com a sua economia corroída gradualmente desde o início da era Perón, pelo seu intervencionismo distributivista e paternalista, cujo golpe final foi desferido pelo seu seguidor Carlos Menen, quando estabeleceu durante alguns anos uma paridade cambial artificial suicida que levou aquele país ao consumo total das reservas internacionais, à decadência econômica, ao empobrecimento da população, ao desemprego em massa e à convulsão social.

Veja quão importante é o cuidado que se deve ter com a moeda de um país. Quanto mais fortes e duradouras forem as políticas econômicas intervencionistas (antiliberais), como no caso do tabelamento do câmbio argentino, mais rápida e eficazmente chega-se à destruição da moeda e da economia de qualquer país.

Se o governo tabela o câmbio valorizando a sua moeda abaixo do valor que seria determinado pelo mercado, está estimulando a exportação em detrimento do consumo interno e aumentando as reservas cambiais, ou amortizando a dívida externa.

Nenhuma das duas situações artificiais de controle do câmbio mencionadas (sobrevalorização e subvalorização) é sustentável indeterminadamente, porque nenhum país consegue, obviamente, manter déficits ou superávits permanentemente. Não há nexo nisso. A liberdade cambial é a melhor maneira de se estabelecer relações estáveis no comércio internacional e preservar a economia interna de um país.

As considerações aqui apresentadas sobre o comportamento dos preços internos e sobre as relações internacionais das moedas são meramente técnicas, não sendo considerados os componentes emocionais e de desconfiança política que circunstancialmente existem.

Não obstante o seu dinamismo, o capitalismo por si só não gera oscilações bruscas na economia a ponto de desestabilizar um país. Sempre que a desestabilização ocorre é porque o capitalismo foi substituído por planejadores autoproclamados capazes de fazer melhor do que o livre mercado faria.

Tudo o que foi dito até aqui em relação à moeda foi levando em consideração o monopólio estatal, que vigora em todos os países do Planeta. Porém, nada disso seria necessário caso houvesse uma competição entre emissores privados de moeda. Essa ideia é defendida pelo Prêmio Nobel de Economia, Frederick Hayek, em seu livro *Desestatização do Dinheiro*. Com a competição entre moedas privadas, conforme prevê em seu trabalho teórico, não haveria sobressaltos na economia e não haveria a apropriação indébita do incremento do PIB por parte do governo, o que possibilitaria um desenvolvimento sustentado, acelerado e sem inflação. É fácil compreender por que os governantes nem cogitam de permitir tal sistema monetário. Isso lhes retiraria grande parte do poder centralizador. No dia em que a maioria do povo compreender que na moeda única estatal reside a possibilidade de manipulação da economia e concentração do poder, então teremos dado um grande passo no sentido de resolver, verdadeiramente, os grandes problemas sociais da humanidade, como a miséria e a má distribuição da renda.

A IGUALDADE E A DESIGUALDADE

Para qualquer indivíduo que tenha pretensões políticas, é muito mais simpático e rentável do ponto de vista eleitoral (eleitoreiro), condenar a desigualdade social. Apontar os ricos e a classe média como os culpados pela carência em que vivem milhões de brasileiros dá ótimos resultados nas urnas. Em um país de cidadãos pobres e pouco instruídos como o Brasil, é necessário enganar a população, pregando o igualitarismo, para se obter êxito nos pleitos eleitorais. Isto é o que fazem os políticos socialistas, comunistas, intervencionistas e demagogos. Infelizmente, os políticos do nosso País se encaixam em uma dessas categorias, com raras e honrosas exceções.

O conceito de igualdade dos liberais/capitalistas, obviamente, é diferente do conceito dos socialistas/comunistas. Para os liberais, a igualdade deve ser perante a lei. Para os socialistas, a igualdade deve ser econômica. O tratamento dado pelos socialistas à questão da igualdade mais uma vez não tem consistência, pois não leva em consideração a natureza humana. *A construção de uma sociedade igualitária,* como eles pregam, é, simplesmente, uma impossibilidade, porque as pessoas não são iguais. Se as pessoas fossem iguais umas às outras, o socialismo seria perfeito e o capitalismo, a impossibilidade. O que faz o capitalismo funcionar e ao mesmo tempo impossibilita o socialismo é precisamente a desigualdade inata dos indivíduos. Mises diz: "Cada ser humano que nasce é um indivíduo, único e irrepetível". Portanto, o ser humano é diferente das abelhas, que se reproduzem aos milhares, umas iguais às outras. E, mesmo quando a *sociedade igualitária,* apesar das contraindicações, é colocada em prática, há um líder, que, por sua vez, escolhe assessores de sua confiança, ou são eleitos, os quais escolhem outros subordinados, e assim sucessivamente até chegar aos chefes de seção e, por fim, nos operários, sempre por critérios políticos e não econômicos ou meritocráticos. O que vale é a subserviência e a lealdade ao partido. De qualquer maneira, é uma sociedade hierarquizada, militarizada, burocratizada e também com divisões em classes sociais, e com uma cúpula privilegiada e autoconsiderada intelectualmente superior ao restante da população. Portanto, não existe a possibilidade da sociedade igualitária, porque sempre haverá uma cúpula de privilegiados. Uma das maiores desvantagens dessa sociedade socialista igualitária hierárquica (veja que contradição) é que as pessoas não podem mudar de classe social pelos seus próprios méritos, porque as qualidades individuais não são colocadas como primeira exigência. O indivíduo é anulado e prevalece o coletivo. Em primeiro plano está se pertence ao PC (Partido Comunista), ao PT (Partido dos Trabalhadores) – caso do Brasil – ou não, e qual a sua escala de importância e o seu grau de ativismo e de obediência hierárquica dentro do partido. Por exemplo: o policial que reclama da falta de combustível para as viaturas é um rebelde e pode ser punido. O policial que insufla a violência ideológica contra o relógio dos 500 anos do Brasil é um companheiro valoroso e deve ser promovido. Coisas que já aconteceram, recentemente, nos governos socialistas/comunistas do PT no Rio Grande do Sul.

Se for dada remuneração igual a pessoas produtivamente diferentes, a princípio, é uma injustiça. Além disso, há consequências negativas para a sociedade como um todo. Se há dois trabalhadores que executam a mesma tarefa, na qual um deles produz 20 e o outro produz 30, e recebendo os dois a mesma remuneração (vide lei da isonomia salarial na legislação – socialista – brasileira), isso tira a motivação, a ganância daquele que produz 30, que passará a produzir apenas 20, ou menos, pois isso, pensa ele, não terá grande reflexo no seu salário. Tal situação está bem traduzida em um ditado russo da época do socialismo soviético que dizia: "O trabalhador finge que trabalha e o Estado finge que paga". Por essa

lógica de antimercado, do desestímulo e do *faz de conta*, em um universo de milhões de trabalhadores em uma sociedade socialista igualitária, a produção *per capita* será nivelada pelo rendimento dos trabalhadores mais indolentes, o que será refletido na produção total do País, colocando os cidadãos em um nível igualitário de pobreza. O igualitarismo só é possível, portanto, na extrema pobreza. Hoje em dia já não se trata dessas questões ideológicas somente pela discussão no terreno das hipóteses, como na época de Adam Smith e de Karl Marx. Agora existem dados estatísticos socioeconômicos de todos os países e à disposição de qualquer cidadão. A diferença gritante e nítida em favor do capitalismo não pode mais ser contestada, a não ser pelos socialistas sectários. Qualquer pessoa bem informada, equilibrada e de bom-senso tem a obrigação de combater o socialismo/comunismo e o intervencionismo onde e quando for necessário, porque não há um único bom motivo sequer, nem político nem econômico, que justifique a adoção desse sistema ou parte dele.

Aquele trabalhador que consegue produzir 30 está colaborando mais com a sociedade do que aquele que só consegue produzir 20. Do ponto de vista liberal/capitalista, por uma questão de justiça, e para que haja motivação para um melhor desempenho geral, a sociedade deve reconhecer tal fato para que o melhor colaborador seja melhor recompensado pela própria sociedade.

Pelo fato de os trabalhadores mais produtivos receberem salários maiores, não significa que os trabalhadores menos produtivos sejam, por isso, prejudicados – como prega o dogma socialista de que uns são pobres por causa da ganância de outros. Antes pelo contrário, pois, nesse caso, havendo tal incentivo a que todos produzam o máximo que puderem, a produção *per capita* será maior, o que significa maior produtividade, e com isso, mesmo o trabalhador menos produtivo terá um nível de vida superior ao que teria em uma sociedade igualitária desmotivada. O liberalismo/capitalismo, ao contrário do socialismo/comunismo, tem a capacidade de maximizar a realização do potencial humano. E todos os indicadores econômicos e sociais de um país estão diretamente relacionados à sua produtividade macroeconômica. No entanto, veja um exemplo de como o receituário socialista igualitário sempre esteve presente na elaboração das leis brasileiras, minando e sabotando o que poderia ser um sistema mais justo e mais produtivo:

> *Art. 461. Sendo idêntica a função, a todo trabalho de igual valor, prestado ao mesmo empregador, na mesma localidade, corresponderá igual salário, sem distinção de sexo, nacionalidade ou idade. (Redação dada ao* caput *pela Lei n.º 1.723, de 8.11.1952)* (Consolidação das Leis do Trabalho.)

A essência desse artigo de inspiração marxista leva em conta apenas o valor absoluto do trabalho. Melhor entendedor da realidade humana foi Ruy Barbosa, que dizia mais ou menos assim: "O princípio da igualdade consiste em aquinhoar desigualmente os desiguais na medida em que se desigualam". A teoria marxista da *Mais Valia* (exploração do homem pelo homem) está completamente desmoralizada diante dos fracassos econômicos que produziu. É preciso admitir as diferenças existentes entre os indivíduos. É preciso que se permita a recompensa aos indivíduos mais esforçados e mais criativos. Mas há uma crença socialista, amparada em Rousseau – o "filósofo" que diz que todo mal vem da propriedade privada – de que o homem pode ser moldado pela sociedade, transformando-o em um ser solidário para se encaixar no sistema socialista. Os socialistas tiveram todas as chances de fazer isso na União Soviética, na China, em Cuba, na Coreia do Norte e outros países. Não fizeram por quê? Porque é impossível. O ser humano é muito mais complexo, imprevisível e indomável, mesmo que escravizado, do que imaginam esses filósofos de araque. Socialistas malditos: vocês podem até estatizar nossos corpos e nossos bens, mas jamais possuirão nossas mentes.

Dentre o povo há líderes naturais que gostam do risco e buscam o inédito, e há operários felizes com a sua segura rotina. São esses líderes natos que inventam caminhos, criam novas oportunidades e possibilitam um crescente padrão de vida a toda a população dentro do sistema liberal capitalista.

A *sociedade igualitária* só é possível em parte ou por um período limitado de tempo (até acabar o dinheiro dos outros, como sentenciou Margaret Thatcher), no socialismo estatal, onde, segundo Bastiat, *o Estado é uma ficção através da qual tentam viver uns às custas dos outros,* o que fatalmente levará tal sociedade à decadência econômica, como de fato já levou.

Tais argumentos são válidos, mas apenas demonstram como uma sociedade desigual pode ter uma melhor resposta nos termos da produtividade geral de um país.

Agora, o mais importante da sociedade desigual é o que ela propicia em termos de avanços tecnológicos para a criação de novos produtos, que são cada vez em maior quantidade colocados à disposição dos consumidores, graças à competição econômica. No início do século passado, Ludwig Von Mises assim dissertou, no livro *Liberalismo*, sobre a desigualdade social:

> *O que mais se critica em nossa ordem social é a desigualdade da distribuição da riqueza e da renda. Há ricos e pobres. A solução não está longe: a igual distribuição de toda a riqueza.*
>
> *A primeira objeção a esta proposta é que ela não servirá muito à situação, porque os de poucas posses superam, em muito, o número dos ricos, de tal modo que cada indivíduo nada poderia esperar dessa distribuição, a não ser um aumento insignificante de seu padrão de vida. Este argumento, sem dúvida, é correto, mas incompleto. Os que defendem a igualdade de distribuição de renda desconsideram o ponto mais importante, a saber, que o total disponível para distribuição, não é independente do modo pelo qual é dividido. O fato de que esse produto alcança seu nível atual não é um fenômeno*

natural ou tecnológico, independente de todas as condições sociais, mas é, em sua totalidade, o resultado de nossas instituições sociais. Simplesmente pelo fato de a desigualdade da riqueza ser possível em nossa ordem social, simplesmente pelo fato de estimular a que todos produzam o máximo que possam, é que a humanidade hoje conta com toda a riqueza anual de que dispõe para consumo. Fosse tal incentivo destruído, a produtividade seria de tal forma reduzida, que a porção dada a cada indivíduo, por uma distribuição igual, seria bem menor do que aquilo que hoje recebe mesmo o mais pobre.

A desigualdade da distribuição da renda, contudo, tem ainda uma segunda função tão importante quanto a primeira: torna possível o luxo dos ricos.

[...] Nossa defesa do consumo de luxo não é, naturalmente, feita com o argumento que se ouve algumas vezes, isto é, que esse tipo de consumo distribui riqueza entre as pessoas. Se os ricos não se permitissem usufruir do luxo, assim se diz, o pobre não teria renda. Isto é, simplesmente, uma bobagem, pois se não houvesse o consumo de bens de luxo, o capital e o trabalho neles empregados teriam sido aplicados à produção de outros bens: artigos de consumo de massa, artigos necessários, e não "supérfluos".

Para formar um conceito correto do significado social do consumo de luxo, é necessário, acima de tudo, compreender que o conceito de luxo é inteiramente relativo. Luxo consiste em um modo de vida de alguém que se coloca em total contraste com o da grande massa de seus contemporâneos. O conceito de luxo é, por conseguinte, essencialmente histórico. Muitas das coisas que nos parecem constituir necessidades hoje em dia foram, alguma vez, consideradas coisas de luxo... Há duas ou três gerações se considerava um luxo ter um banheiro dentro de casa, mesmo na Inglaterra. Hoje a casa de todo trabalhador inglês, do melhor tipo, contém um. Há trinta e cinco anos, não havia automóveis; há vinte anos, a posse de um desses veículos era sinal de um modo de vida particularmente luxuoso. Hoje, nos Estados Unidos, até um operário possui o seu Ford. Este é o curso da história econômica. O luxo de hoje é a necessidade de amanhã. Cada avanço, primeiro, surge como um luxo de poucos ricos, para, daí a pouco, tornar-se uma necessidade por todos julgada indispensável. O consumo de luxo dá à indústria o estímulo para descobrir e introduzir novas coisas. É um dos fatores dinâmicos da nossa economia. A ele devemos as progressivas inovações, por meio das quais o padrão de vida de todos os estratos da população se tem elevado gradativamente.

A maioria de nós não tem qualquer simpatia pelo rico ocioso, que passa sua vida gozando os prazeres, sem ter trabalho algum. Mas até este cumpre uma função na vida do organismo social. Dá um exemplo de luxo que faz despertar, na multidão, a consciência de novas necessidades, e dá à indústria um incentivo para satisfazê-las. Havia um tempo em que somente os ricos podiam se dar ao luxo de visitar países estrangeiros. Schiller nunca viu as montanhas suíças que tornou célebres em Guilherme Tell, embora fizessem fronteira com sua terra natal. Goethe não conheceu Paris, nem Viena, nem Londres. No entanto, hoje, milhares de pessoas viajam por toda parte e, em breve, milhões farão o mesmo. (VON MISES, 1987, p. 33, 34 e 35.)

A esse texto primoroso, que descreve de forma brilhante o mecanismo do progresso capitalista, originalmente escrito há quase um século, mas que é extremamente atual, só cabe engrossar a lista de exemplos das descobertas científicas e dos novos produtos criados pelo capitalismo para facilitar e tornar a vida das pessoas mais agradável e dar mais qualidade de vida à população. Esse texto está totalmente corroborado, em se fazendo uma única indagação: qual é o país onde são inventados e fabricados o maior número de inovações tecnológicas e onde são realizadas as maiores descobertas científicas? É no país mais capitalista do mundo: os Estados Unidos da América. Dizem alguns ignorantes que os Estados Unidos podem ser capitalistas porque são ricos. Essa é uma relação entre causa e efeito mal-entendida pelos anticapitalistas. A verdade é que os Estados Unidos são ricos porque são capitalistas. A causa da riqueza e do alto padrão de vida da população é a desigualdade permitida, a liberdade econômica, a concorrência, o capitalismo.

Ouve-se muitas vezes dos anticapitalistas a reclamação de que os países mais ricos não ajudam os países mais pobres. É curiosa a constatação de que as mesmas pessoas ou entidades que reivindicam os resultados econômicos do capitalismo rejeitam os métodos pelos quais os resultados foram alcançados. É comum a Igreja Católica pedir que os países ricos ajudem os países de terceiro mundo, mas é contra a institucionalização dos métodos capitalistas nesses países e pregam o socialismo dentro das igrejas.

Eu quero, aqui, fazer uma acusação póstuma a Karl Marx e a todos os seus seguidores. Acuso-os de responsáveis pela situação de pobreza e miséria em que vivem milhões de pessoas em todos os cantos deste mundo, induzidos a acreditar na sua precária doutrina, e acuso-os, ainda, de corresponsáveis pelos assassinatos em massa de milhões de pessoas pelo mundo afora ao longo da História em nome da sociedade igualitária e da causa socialista/comunista.

O SISTEMA INTERVENCIONISTA

O sistema intervencionista é o mais utilizado em todo o mundo. Esse sistema consiste no funcionamento concomitante de empresas estatais e empresas particulares, além da interferência do governo no funcionamento do mercado. O sistema intervencionista pode ser considerado o meio-termo, no qual a diminuição da intervenção do governo significa o distanciamento, e o aumento, a aproximação ao sistema socialista. O sistema intervencionista (terceira via) – o qual considero uma indefinição ideológica –, em se mantendo, se constitui no mais perverso de todos em termos socioeconômicos, porque privilegia o rei (governo) e seus amigos empresários em detrimento dos consumidores (o povo), e o socialismo real privilegia apenas o rei (cúpula), enquanto que no capitalismo verdadeiro não há privilégios a nenhuma classe em especial. Além disso, a intervenção econômica conseguiu produzir, historicamente, ainda que algumas vezes com boa intenção, resultados econômicos sempre opostos aos pretendidos.

Sob um sistema político democrático, pode haver intervenção econômica, porém com o inevitável fracasso, e o retardamento do desenvolvimento, como ocorreu no período pós-militar com os governos de Sarney e Collor de Melo quando ambos implementaram planos econômicos intervencionistas com controles de preços e sequestro do dinheiro depositado em poupança. Também pode haver uma ditadura política de direita, com uma pseudoliberdade econômica, como ocorreu durante o período militar iniciado em 1964. Porém, se em um sistema com intervenção econômica vigente houvesse uma mudança para a ditadura política socialista/comunista, como poderia ter acontecido em 1964, acabariam, naquele mesmo momento, tanto as liberdades políticas quanto as econômicas. O clima político mundial da época era favorável a esse desfecho, pois o muro de Berlim acabara de ser construído, e o socialismo ganhava força, tentando espraiar os seus tentáculos para todos os recantos do Planeta. (Jamais se viu ou se verá o socialismo democrático na prática, porque não é factível. E jamais se viu ou se verá uma ditadura liberal, porque é algo contraditório.)

O percentual da economia representado por empresas estatais no sistema intervencionista varia de um país para outro. No Brasil, por exemplo, houve época em que quase 70% da economia era representada por empresas estatais. Foi na época dos governos militares, que constituíram um contragolpe anticomunista em 1964. Os militares acabaram fazendo, em termos econômicos, quase o que os socialistas/comunistas pré-64 desejavam, isto é, a manutenção e a criação de novas empresas estatais e a ampliação da intervenção econômica. Na verdade, o que vivemos no período militar foi um direcionamento ao socialismo, sem o comando proletário – uma aberração ideológica –, pois tínhamos a economia muito estatizada e não havia liberdade política. Em termos políticos, fomos aniquilados. Foi só uma questão de denominação. O rótulo certo para aquele período seria alguma espécie de *socialismo de direita, capitalismo de Estado* ou coisa parecida. Para que fosse o socialismo completo, apenas seria necessário estatizar os restantes 30% da economia e o comando do País passasse a ser dos socialistas e comunistas – legítimos representantes proletários – adversários dos militares. Naquele período, foram criadas as grandes empresas estatais nucleares para geração de energia elétrica, além de outras. Não houve privatizações. Nesse aspecto, esquerda e direita ostentam a mesma bandeira do nacionalismo retrógrado, da estatização, do protecionismo, do antimercado. Os chamados esquerdistas brasileiros são, em tese, sempre contra qualquer privatização e sempre a favor da estatização, e da intervenção. A maioria dos políticos ditos de direita compartilha das mesmas ideias. Então, para evitar confusão, o espectro ideológico não deveria ser separado entre esquerda e direita, mas, sim, entre socialistas e liberais, entendendo-se por socialistas aqueles que almejam a estatização completa da economia, e por liberais aqueles que lutam pelo funcionamento pleno da economia de mercado, ou seja, o capitalismo. Quando um político se diz de direita, não se sabe se ele é a favor ou contra os controles de preços, se é a favor ou contra a estatização e qual o grau de intervenção econômica que sugere. No nosso conhecido espectro ideológico, o liberalismo não se encaixa em nenhuma posição. O liberalismo é, pois, contrário ao atual modelo do espectro ideológico, porque não abraça nem as ideias da esquerda nem as da direita. Pode-se dizer que o liberalismo está em outra dimensão. (O termo *liberal*, atualmente, está sendo usado por pessoas e partidos políticos sem nenhum compromisso com o sentido original que esta palavra tem. *Liberal*, aqui, vem do "Liberalismo Clássico", significando liberdade econômica e política, com limitação dos poderes do governo.) Existem, também, aqueles políticos que não sabem o que são (sem convicção político-ideológica), e os oportunistas. Futuramente, quando o mundo evoluir para outro nível de inteligência, esse tipo não sobreviverá. Não haverá lugar para os de cima do muro em um mundo que tende a um bipartidarismo natural.

Além de gerir empresas, o sistema intervencionista manipula o mercado através de regulamentos, controles de preços, controle de importação e exportação através de aplicação ou não de sobretaxas, controle do câmbio, manutenção de monopólios estatais, favorecimento a monopólios particulares com medidas protecionistas e aportes financeiros suspeitos, impedindo ou proibindo a livre concorrência. Hoje, no nosso Brasil intervencionista, por exemplo, em nome da soberania e do interesse nacional (de quem?), é proibido a você produzir combustível para vender diretamente ao seu vizinho.

Concessões de linhas de ônibus, tanto municipais e intermunicipais quanto interestaduais, são concedidas pelo governo a determinadas empresas, ficando elas com o direito de exploração exclusivo de trajetos específicos, sem sofrer a pressão da concorrência, privando o usuário do direito de escolha ao meio de transporte e da empresa que melhor o atenda em termos de preço e qualidade.

Temos assistido a enfrentamentos entre policiais e trabalhadores ocorridos em São Paulo e em outras capitais promovidos pelos governantes, intervindo no mercado de transportes, não permitindo o trabalho dos *perueiros*, que oferecem um serviço mais barato à população. Mesmo à distância, percebe-se um jogo de interesses escusos, no qual o governo protege o oligopólio privado, impedindo o funcionamento normal do mercado de transportes. Que se façam as exigências com relação à segurança dos veículos e à legislação específica, mas que se legalize e não se impeça o trabalho de todos os perueiros, permitindo e incentivando a concorrência. Todos sairiam ganhando, principalmente os trabalhadores usuários (consumidores) de transportes coletivos.

Ao mesmo tempo em que proíbe o trabalho dos *perueiros* do transporte coletivo – proibindo a concorrência –, o governo subsidia aproximadamente 50% dos automóveis a serem utilizados em um meio de transporte elitista: o táxi. Isso significa que você, mesmo que nunca tenha andado de táxi, está ajudando a pagar as corridas de uma elite que utiliza tal meio de transporte. Chegou agora ao Brasil o *Uber* para fazer concorrência ao corporativismo dos taxistas. É uma *startup* tecnológica americana para confirmar, mais uma vez, a regra de que tudo o que é bom para o consumidor vem do capitalismo. Mas os taxistas estão esperneando para manter a sua reserva de mercado e proibir o novo serviço, prejudicando, assim, o consumidor. O táxi hoje está funcionando em semelhança com a telefonia da era estatal quando uma linha telefônica chegava a custar 20 mil dólares. Pois, um alvará de táxi é comercializado em São Paulo por até 150 mil reais. É um mercado fora da lei – mercado negro.

Mas nem tudo funciona mal no Brasil. Apesar de tudo, o setor de alimentação nos dá um bom exemplo. Quando sai do trabalho para almoçar, você vai ao restaurante que lhe oferece a maior variedade de pratos, que a comida seja gostosa e que o preço também lhe agrade, correto? O dono e os funcionários do restaurante se esmeram para lhe agradar e conquistar o seu voto, a sua preferência. Por que será que existem tantos restaurantes, de tão variada qualidade e a preços tão acessíveis? É porque ainda não veio nenhum "sábio" do governo dizer quantos restaurantes podem se estabelecer e porque não foi feita nenhuma licitação "oficial" para determinar quais os que podem funcionar, a exemplo do que ocorre com os táxis e as empresas de transporte coletivo. Há vinte ou trinta anos não existiam esses tipos de restaurantes por quilo. Sair para almoçar fora era coisa de rico. Isso foi uma invenção da iniciativa privada. Hoje em dia é mais barato e/ou mais confortável almoçar no restaurante do que em casa, além da variedade de pratos ser muito maior do que normalmente temos em casa. Você pode transferir esse exemplo do restaurante para qualquer outra atividade econômica. É assim que a iniciativa privada funciona, criando coisas novas ou melhorando as já existentes, desde que haja concorrência. Tudo o que é privado e de livre escolha é melhor e mais barato. Tudo o que é público ou protegido pelo governo é ruim, ou caro ou insuficiente. Se você é daqueles que pedem coisas de graça para o governo, saiba que o governo o ilude. Ele tira de você com uma das mãos, consome quase tudo, e devolve apenas uma migalha com a outra mão. Saiba que você paga quase 20% quando come um prato de feijão. A margarina é 37%, leite 33,5%, açúcar 40,5%, biscoito 38,5%, fogão de quatro bocas 39,5%, sabão em barra 40,5%, refrigerador 47,06%, gasolina 53,03%, cerveja 55,6%, creme de barbear 56,64%, forno de micro-ondas 59,37%, videogame 72,18%, bateria para veículos 49,59%, aparelho de DVD 50,39%. E aí? Você ainda acha que o governo dá alguma coisa de graça? E se o governo acha que alimentação não pode ser menos importante do que o transporte, então ele deve proibir o funcionamento dos pequenos restaurantes, e só permitir o funcionamento dos grandes, credenciados, assim como ele faz com as empresas de transporte de passageiros. Ou deixar que as empresas de transporte concorram entre si, sem limite no número de concorrentes, como ocorre com os restaurantes, se quiser ser coerente e agir com inteligência, claro.

Durante o governo de Olívio Dutra no Rio Grande do Sul houve uma discussão em Porto Alegre, inclusive com protestos públicos, sobre o horário de funcionamento da CEASA – Centro de Abastecimento de Produtos Agrícolas. Os hortigranjeiros queriam comercializar pela manhã, porque favorecia a qualidade dos produtos, mas o governo queria as vendas à tarde, depois que as verduras estivessem murchas. A que dom divino se acham investidos esses agricultores de gabinete do governo que talvez nunca tenham visto um pé de batata, forçando a imposição do seu poder burocrático aos verdadeiros profissionais das roças?

E basta folhearmos qualquer jornal velho em qualquer mês em qualquer ano, que lá encontraremos notícias sobre intervenções do governo, aqui e acolá, baixando normas, regulamentos, portarias, impedindo o livre funcionamento do mercado. Observe esta notícia:

Condições para interdição – *Os estabelecimentos comerciais de Porto Alegre poderão agora ser interditados pelo major Dario Fayet Ramos quando estiverem vendendo produtos com preços superiores aos estabelecidos, sonegarem gêneros ou não tiverem à vista o preço das mercadorias.* ("Há 30 anos em ZH", *Zero Hora*, Porto Alegre, 14 maio 2000. p. 71.)

Não é interessante? Seria cômico se não fosse trágico. Os preços eram vigiados por um major, investido de todos os poderes intervencionistas e policialescos. Tal notícia foi publicada, originalmente, em 14 de maio de 1970, e nos dá uma ideia de como esse anticapitalismo daninho atrapalhou e sabotou o desenvolvimento brasileiro, pois não tínhamos liberdade política e não havia liberdade econômica. E ainda há quem diga que o Brasil viveu as últimas décadas sob um sistema *neoliberal, capitalista*. As palavras têm origem. *Liberal* deriva de *liberdade*. Ora, se não há liberdade econômica, logo o sistema não pode ser chamado de liberal, a não ser que se queira assassinar a língua portuguesa, alterando propositadamente o significado das palavras, com o intuito de causar confusão política (confundir para reinar). Para se encontrar notícias como essa que foi reproduzida anteriormente, não é necessário procurar muito. Os jornais e as revistas estão repletos de publicações sobre as arbitrariedades cometidas pelos governos ao longo da História deste País.

E, assim, se formos investigar tudo, descobriremos que, em todas as áreas onde o governo intervém, acaba cometendo injustiças semelhantes a essas e impedindo que o mercado encontre as melhores soluções. O que vamos esperar de uma Nação à qual não é dado o direito de escolha das coisas mais elementares para o funcionamento de uma economia sadia?

A EMPRESA ESTATAL NO SISTEMA INTERVENCIONISTA

As empresas estatais, obviamente, são geridas pelo governo. Os políticos que as defendem dizem que elas são patrimônio do povo, o qual nunca recebe dividendos. Pelo contrário, o povo é convocado continuamente, e sem perceber, a chamadas de capital para cobrir os prejuízos por elas gerados. Na verdade, essas empresas pertencem aos políticos, aos burocratas e aos funcionários que nelas trabalham. Ou também se pode dizer que não têm dono, pois a cada eleição são trocados os comandantes, mas os funcionários colocados pelos comandantes anteriores nelas permanecem, e assim sucessivamente, causando excesso de funcionários, que não podem ser demitidos pelos próximos comandantes.

Um levantamento feito em uma empresa estatal do setor produtivo da economia brasileira constatou que havia um total de aproximadamente 10.000 funcionários, sendo que 2.000 trabalhavam na produção propriamente dita e os demais, no escritório. E há de se salientar que os salários nessas empresas são altíssimos para os padrões brasileiros. (Houve uma época em que um caixa de um banco estatal recebia 10 vezes mais do que um caixa de um banco particular. Então, alguém poderá argumentar que o banco particular é que está pagando pouco, mas salário também é uma questão de mercado, conforme demonstrado anteriormente.)

Façamos um comparativo com uma fábrica de sapatos privada onde trabalhem um total de 100 empregados e, a exemplo da empresa estatal, mantendo-se a proporção, 20 trabalhadores se dediquem à produção e 80 aos afazeres do escritório. Pergunta-se: há probabilidade de essa fábrica de sapatos prosperar? Não, pois irá à falência. A não ser que o governo ajude. Mas o governo não ajuda, não pode nem deve ajudar as empresas, e principalmente um empreendimento gerido dessa forma. Pelo contrário, o governo quer saber dos seus impostos, os quais servirão para cobrir os rombos das empresas estatais. Porque essas, sim, o governo ajuda. Nunca se ouviu falar da falência de uma empresa estatal. Não faliram, não por falta de maus resultados, falta de maus administradores nem pela falta da roubalheira e nem pela falta da ineficiência, mas, sim, porque é legalmente proibido falir. Muitas delas existem há décadas dando prejuízo e sendo sustentadas pelo povo. A falência, que é uma defesa natural do mercado contra a ineficiência, não funciona quando se trata de empresa estatal. O governo mantém essas empresas ineficientes com o dinheiro das pessoas menos favorecidas, através da alta carga tributária direta e indireta, incidentes inclusive sobre as mercadorias de primeira necessidade, consumidas pela população. A empresa estatal em um sistema intervencionista gera a pior distribuição de renda que existe, pois transfere recursos dos pobres e malabaristas empregados da iniciativa privada, através da alta carga tributária, para os felizes, estáveis, ociosos e super-remunerados funcionários das estatais.

Pela lógica de um sistema econômico baseado em empresas estatais, segundo o levantamento realizado, 20% da população economicamente ativa produz para sustentar os restantes 80% dessa população, isso sem contar o restante dos trabalhadores, que se dedicam às atividades não produtivas e ainda as pessoas que estão fora do mercado de trabalho, como as crianças, os adolescentes, os que optaram por não trabalhar e os aposentados. É como uma família de 7 ou 8 pessoas na qual só uma trabalhe. E todos precisam viver. O fardo é muito pesado e difícil de ser carregado por esse trabalhador. O Brasil funcionou durante as últimas 7 ou 8 décadas com um sistema semelhante. É por isso que o Brasil não vai.

Aparentemente, as estatais são uma maravilha aos olhos das pessoas que não se dão conta desses detalhes e até se questionam por que o governo não cria mais empresas para dar bons empregos à população. Seus privilegiados funcionários se agarram com unhas e dentes na defesa de tais empresas. De vez em quando se veem funcionários de estatais dando as mãos em volta dos prédios das empresas onde "trabalham", dando o tradicional abraço. Claro, estão defendendo os seus privilégios. As empresas estatais só têm essa aparência opulenta, porque são sustentadas com o sacrifício da iniciativa privada via carga tributária. Fossem andar com suas próprias pernas e manter o mesmo tipo de gestão, 90% delas não resistiriam seis meses.

É comum se ouvir sobre a existência de *dois Brasis*. Pois este é o caso. É o Brasil dos pobres, operosos e desempregados sendo sugado pelo Brasil dos bem remunerados e ociosos *donos* das empresas estatais. E o mais perverso disso tudo é que o País não consegue se desenvolver na velocidade necessária para a criação de oportunidades de trabalho para as novas gerações. Esse sistema sanguessuga intervencionista consome os recursos que poderiam ser investidos pela iniciativa privada para a geração de empregos e maior desenvolvimento do País. Diferentemente da iniciativa privada, o governo é um péssimo gestor de recursos. Sobre essa questão o economista americano Milton Friedman descreveu as 4 maneiras de gastar o dinheiro. Observe as diferenças:

1 - O primeiro modo de gastar o dinheiro é quando gastamos o nosso dinheiro para comprar coisas para nós mesmos. Mantemos o foco total no preço e na qualidade. Por exemplo, quando compramos uma roupa. Experimentamos várias peças até encontrarmos uma bem ajustada ao tamanho, à cor, à qualidade, e que tenha um bom preço. Qualquer indivíduo mentalmente sadio age assim.

2 - O segundo modo é quando usamos o nosso dinheiro para comprar coisas para terceiros. Neste caso continuamos mantendo o foco total no preço, mas nem tanto cuidado assim com a qualidade. Por exemplo, quando vamos comprar um presente para um

amigo secreto da festinha de final de ano. Parece natural que não tenhamos tanta preocupação com os detalhes. Quantas vezes já fomos sorteados com alguém que mal conhecemos? Compra-se uma camisa qualquer ou um CD que pode ser trocado caso o presenteado deseje. Claro que quando o presente é para algum familiar querido ou amigo importante há também o foco na qualidade.

3 - O terceiro modo de gastar é quando usamos o dinheiro de terceiros para comprar coisas para outras pessoas. Neste caso não existe cuidado nem com o preço, nem com a quantidade, nem com a qualidade, mesmo que não haja corrupção. Se houver – e na maioria das vezes há – aí então é que a coisa piora muito. Por exemplo, quando as pessoas que estão no governo gastam o dinheiro de uma parte do povo, o qual foi arrecadado como impostos, para comprar coisas que serão entregues à outra parte da população. Quase todos os dias vemos notícias sobre compras exageradas na quantidade, no preço e de baixa qualidade, com esses produtos se deteriorando nos depósitos. Este é o pior caso porque envolve a maior parte do dinheiro público, impactando de modo importante sobre toda a economia.

4 - Há ainda o quarto modo de gastar o dinheiro. Este é o segundo pior de todos, porque, apesar de ser afrontoso ao pagador de impostos e às pessoas mais pobres, o volume em termos do percentual total é bem menor. Ele ocorre quando outras pessoas gastam o nosso dinheiro para comprar coisas para eles mesmos. Aqui o foco é altíssimo na qualidade e não importa o preço. Políticos aumentando o próprio salário; justiça se autoconcedendo privilégios abusivos; burocratas e políticos abusando de cartões corporativos; deputados e vereadores fazendo tudo o que é tipo de mutreta para desviar o seu dinheiro para os bolsos deles; políticos contratando banquetes extravagantes. O governador do Ceará, Cid Gomes, fechou contrato de R$ 3,4 milhões para receber serviços de alimentação no gabinete e na residência oficial. No contrato consta o fornecimento de caviar, escargô, presunto de Parma,

funghi, vieiras, frutos do mar, pães exóticos, toucinho do céu, entre outros. São ingredientes que os grandes *chefs* não dispensam para fazer pratos como *bombinhas de salmão com caviar, bolinhos de bacalhau com semente de papoula servidos com molho de vinho tinto, canapés de caviar*, entre outros, tudo pago por você. Veja a reportagem completa em: http://oglobo.globo.com/brasil/cid-gomes-contrata-buffet-de-34-milhoes-no-ceara-9572304. Abusos semelhantes a esse se repetem em todas as esferas de governo, em todas as autarquias, em todas as repartições públicas, em todas as empresas estatais; é só aparecer a oportunidade. Eu não culpo Cid Gomes pelo que ele fez; talvez se um de nós estivesse no lugar dele também faria o mesmo, porque é a regra. Nunca se sabe quem vai estar lá, por isso temos que mudar o sistema para que aqueles que lidam com o nosso dinheiro não tenham tantas oportunidades de abusos como esse protagonizado pelo governo do Ceará.

Na vida particular e nas empresas privadas temos os modos 1 e 2 de gastar o dinheiro enquanto nos órgãos públicos e nas empresas estatais temos os modos 3 e 4, e é por isso que temos que diminuir os órgãos públicos e privatizar as empresas estatais.

A conclusão a que se chega sobre essa lição de Friedman é a de que é melhor que cada um cuide do seu próprio dinheiro. Dar o dinheiro para o governo administrar é o pior negócio que se pode fazer. É colocar o gato para cuidar do passarinho. É por isso que temos de reduzir o tamanho do Estado para podermos reduzir também a carga tributária.

Outro aspecto relativo à empresa estatal é que ela geralmente é monopolista. No caso do Brasil, o governo reservou para si as áreas da economia que eram mais rentáveis, como a produção de petróleo, a energia elétrica, as telecomunicações etc., e *espalhou* para a população que era uma questão de segurança nacional. Mas há, também, setores nos quais o governo e a iniciativa privada atuam paralelamente, como é o caso do ensino. Existem universidades públicas e particulares. Aqui pode ser traçado um paralelo para medir a eficiência da coisa pública em relação à coisa privada. Um levantamento realizado há algum tempo apontou, em uma universidade pública, a existência de um funcionário para cada 7 alunos. A mesma pesquisa realizada na universidade particular, apontou um funcionário para cada 35 alunos. Se concordamos que a eficiência é um dos segredos do progresso, podemos dizer, neste caso, que a iniciativa privada é 5 vezes mais eficiente; portanto, 5 vezes mais progressista que a coisa pública. Esses são dados concretos, baseados em uma pesquisa específica, comparando universidades públicas e privadas, mas a conclusão tirada aqui pode ser estendida a qualquer área onde se possa comparar a atividade pública com a atividade privada.

A CORRUPÇÃO

A ganância é inerente ao ser humano. Se for oferecida a chance de ganhar dinheiro desonestamente, e com poucas possibilidades de punição, a maioria das pessoas arriscam. A ganância é um defeito humano que pode se tornar um fator positivo para a sociedade, se forem tomadas medidas que bloqueiem o seu lado perverso e maléfico. É como a energia atômica, que é boa e útil se for controlada. E a melhor maneira de se controlar a ganância, aproveitando o seu lado bom, é estabelecendo um sistema de livre concorrência para a iniciativa privada, um sistema público mínimo, com sistema tributário limitado e de arrecadação automática, com transparência na aplicação dos recursos.

As pessoas deixam de tomar atitudes desonestas por duas razões: por princípio ou pelo medo da punição. Quando o risco da punição diminui, aumenta a audácia dos desonestos. Quando a impunidade se generaliza, a desonestidade vira moda. Quem for honesto está fora de moda ou fora do esquema; quem não entra no esquema, se isola ou corre risco de vida. Em um país como o Brasil, onde a corrupção é generalizada, é difícil e perigoso ser honesto.

Em qualquer parte do mundo e em qualquer sistema político e econômico, a corrupção está presente, em maior ou menor intensidade, em conformidade com o grau de intervenção econômica vigente. Quanto maior a presença do Estado, maior será a necessidade da permissão do governo para o funcionamento da economia, com mais poder se investe o burocrata, e mais o ambiente se torna favorável ao pagamento de propina e à proliferação da corrupção. Terreno fértil para o suborno é onde convivem muitas empresas estatais, muitas empreiteiras, muitos controles, concessões e regulamentos, muitas obras públicas, muitas licitações, muitos órgãos do governo convivendo com empresas particulares. Muitas dessas empresas particulares pertencem a políticos influentes, os quais defendem as estatais – ponto em comum entre a esquerda e a direita –, porém, cada qual com seu objetivo diferente. A esquerda defende a estatal com o objetivo do socialismo/comunismo; e a direita, com o objetivo de fazê-la um instrumento de negociatas para ganhar dinheiro fácil, ou por ignorância.

    A corrupção só tem condições de ocorrer entre duas empresas, ou entre uma empresa e um órgão público, ou ainda entre uma pessoa particular e um funcionário público ou órgão público, mas nunca entre pessoas particulares e dificilmente entre empresas particulares. Na realidade, a corrupção está sempre relacionada às empresas estatais e aos órgãos públicos, evolvendo desde políticos e burocratas dos mais altos escalões até o mais reles funcionário. Sempre que você ver, ouvir ou ler notícias sobre corrupção, preste a atenção em um detalhe: sempre estará envolvida alguma empresa do governo, órgão público, funcionário público, parlamentos, políticos ou ainda clubes, associações e cooperativas, ou seja, atividades nas quais não se verifica o zelo, o comando e a cobrança de resultados na figura de um proprietário privado. Para que a corrupção se consuma, é necessário o corruptor e o corrompido. O corruptor é quem paga a propina. O corrompido, quem recebe. No entanto, a iniciativa para o ato da corrupção pode partir de qualquer um dos dois. Quando algum tipo de esquema de corrupção já está instalado em determinada empresa ou órgão público, a iniciativa é do corrompido, que impõe exigências, transformando qualquer pessoa ou empresa particular que necessite de um alvará ou alguma aprovação de governo em corruptor.

    Se um ato de corrupção ocorrer entre duas empresas particulares, os administradores da empresa prejudicada perceberão a diminuição do rendimento da empresa e logo descobrirão onde está a falha, eliminando o empregado corrompido pela demissão sumária por justa causa. Se assim não o fizerem, irão à falência. Nesse caso, a corrupção é facilmente detectada, porque a empresa privada trabalha em função de resultado, de lucro. A corrupção dificilmente ocorre entre empresas privadas.

Se um ato de corrupção ocorrer entre uma empresa particular e uma empresa estatal, nesta estará o corrompido e, naquela, o corruptor. O corruptor busca alguma vantagem para a sua empresa particular, e o funcionário corrompido da empresa estatal busca uma vantagem não para a empresa onde trabalha, mas para si próprio, em detrimento da empresa. Um exemplo desse tipo de corrupção está na venda superfaturada de produtos da empresa privada para a empresa estatal. Diante do fato de que a empresa estatal não pode ir à falência, não tem "olho de dono" no comando, não trabalha em função de resultado, dificilmente a corrupção é descoberta. E o povo é continuamente lesado pela roubalheira possibilitada pelas empresas estatais. E quando a corrupção é descoberta, instala-se uma Comissão Parlamentar de Inquérito (CPI) ou uma sindicância que geralmente não chega a nenhuma conclusão, não pune ninguém ou, no máximo, transfere o funcionário corrupto para roubar em outra praça. Como geralmente a empresa estatal é monopolista e não sofre pressão da concorrência, os custos da roubalheira são repassados para o consumidor via preços e aumento de impostos. Daí um dos motivos dos altos preços dos produtos ou serviços fornecidos pelas empresas estatais, como, por exemplo, foram, durante décadas, as linhas telefônicas, até recentemente.

Se a corrupção ocorrer entre um órgão público e uma empresa privada, como ocorreu entre a Justiça do Trabalho e a empresa privada de um senador da República em São Paulo, muito dificilmente será descoberta. A descoberta só acontece por acaso, quando a imprensa investiga pelo trabalho isolado de algum repórter ou quando há briga na divisão da verba desviada e um dos corruptos da quadrilha, julgando-se prejudicado, resolve abrir a boca, ou, ainda, por disputas de vaidades familiares ou vinganças passionais.

Em qualquer atividade em que estejam envolvidas empresas estatais ou órgãos públicos inexiste o monitoramento permanente dos recursos financeiros, tal como ocorre nas empresas particulares. Os governos e a burocracia, por uma questão intrínseca da coisa pública, são incompetentes e corruptíveis, porque a ambição individualista do ser humano se sobrepõe à solidariedade coletivista. E é mesmo impossível para qualquer governo controlar tudo, quando o Estado se agiganta e se mete a promotor do desenvolvimento, atuando em várias áreas da atividade econômica.

A corrupção não é uma doença da raça brasileira, não é um castigo vindo de Deus, nem é uma desgraça vinda do inferno. É o resultado de um sistema econômico permissivo e incentivador da corrupção. Em qualquer país do mundo onde houver empresas estatais e intervenção econômica, lá estará a corrupção, não importando qual partido esteja no poder. A China comunista é um dos países mais corruptos do mundo.

Os comunistas/socialistas brasileiros querem, ao contrário da realidade, associar a corrupção ao *neoliberalismo*, utilizando o método da mentira repetida mil vezes. Para desmascará-los, reproduzo esta notícia:

> **Corrupção até no censo.** *Denúncia do jornal chinês* Beijing Morning Post: *o censo populacional que o governo do país iniciou no começo deste mês está sendo fraudado. Em algumas províncias da China, os recenseadores estão cobrando uma taxa dos camponeses para incluí-los no levantamento. Quem não paga fica de fora e com isso milhares de chineses já teriam sido excluídos das estatísticas. A importância de ser incorporado à pesquisa é que essa é a chance de as famílias mais pobres provarem às autoridades que estão respeitando a lei que determina um filho por casal.* (Revista ISTO É/1625. p. 20.)

A corrupção não ocorre apenas nos níveis executivos superiores dos governos e das estatais, nos quais as negociatas atingem valores astronômicos, com um número reduzido de corruptos e que são, por isso, mais facilmente detectáveis. A corrupção ocorre, também, de maneira intensa, no contato entre o funcionário menos graduado do governo e o particular sob fiscalização, ou fornecedor de produtos ou serviços, onde a detecção é praticamente impossível. É um tipo de hemorragia capilarizada impossível de ser controlada. As notícias publicadas sobre a corrupção representam uma mínima parcela do que efetivamente ocorre em todo o País, em todos os níveis de governo, em todos os órgãos públicos e em todas as empresas estatais. Portanto, a ideia de que este ou aquele candidato, este ou aquele partido político irão moralizar a coisa pública, mantendo ou aumentando a intervenção econômica, não passa de boa intenção de alguns ou tentativa deliberada de outros de enganar a população.

Para que a corrupção seja diminuída para níveis aceitáveis, é necessário que o governo diminua as suas atividades, restringindo-se às tarefas que lhe são próprias, deixando o restante das atividades econômicas para quem tem competência, ou seja, para a iniciativa privada. Entre empresas privadas quase não existe corrupção e, quando existe, é rapidamente descoberta e bloqueada. Depois de tudo que foi descoberto pela operação Lava-Jato – que não é pouco –, há quem diga que foi mostrado apenas a ponta do *iceberg*. Imagine, então, o que deve estar por vir.

Sempre que as ideias socialistas e capitalistas estão frente a frente, há quem pregue a alternativa do meio-termo, do consenso, ou seja, de um sistema misto. Mas é impossível misturar sistemas cujos fundamentos são diametralmente opostos. Essa propugnada terceira via significa sempre algum tipo de intervencionismo em maior ou menor escala. No entanto, os indicadores econômicos e sociais de outros países estão mostrando que, quanto maior é a intervenção, maior é a corrupção e menor o desenvolvimento; que quanto maior é a liberdade econômica, menor é a corrupção e maior o desenvolvimento. Por isso, a posição dos liberais capitalistas é pela extinção de qualquer resquício de socialismo no Brasil e em todos os países. Com os verdadeiros liberais não há consenso.

Não é coerente abrir mão de uma parte da liberdade quando há a convicção e a prova de que ela é a condição indispensável para a redução da corrupção e para o desenvolvimento econômico e social de uma nação. Por isso, a pregação e a defesa do Estado mínimo. O Estado tem que ser forte, bem fiscalizado pela sociedade, com os poderes limitados e restrito somente às atividades que lhe dizem respeito. O Estado deve se ocupar de poucas tarefas para que possa executá-las de maneira mais satisfatória e para que seja mais facilmente monitorado. Caso contrário, se quisermos eliminar a corrupção, teremos de estabelecer o país da hierarquia dos fiscais improdutivos – e ainda assim não se logrará êxito.

As duas principais atribuições do Estado é dar segurança pública e promover a Justiça. Em primeiro lugar, o Estado brasileiro precisa tomar medidas drásticas e urgentes com relação à segurança pública para acabar com essa verdadeira guerra civil, travada nas grandes cidades pelos traficantes, assaltantes e sequestradores, para a qual os governos estaduais e federal não estão dando a devida importância, e praticamente não tomam conhecimento. A violência, que era uma característica das metrópoles, agora está invadindo as pequenas cidades do interior. As famílias não podem mais se reunir nas calçadas para conversar e tomar chimarrão com os vizinhos. Os pequenos comerciantes das periferias são assaltados todos os dias e muitas vezes pelos mesmos bandidos. Nas pequenas cidades, a comunidade e a polícia sabem quem são os ladrões, mas eles estão sempre livres porque contam com uma legislação favorável ao crime. Parece que não há sincronismo entre a polícia e a Justiça. As instituições de direitos humanos só pensam em proteger os bandidos e nunca defendem os direitos das pessoas de bem que trabalham honestamente, mas que não podem mais andar sossegadamente pelas ruas. Cabe exclusivamente às autoridades constituídas, por ser dever do Estado, organizar a segurança pública e fazer com que a Justiça funcione. A impunidade a que estamos assistindo é um incentivo para que os criminosos ajam cada vez com mais audácia e desenvoltura.

Palavras de Dilma Roussef reproduzidas por Nicolas Maduro, repetindo Hugo Chaves, citando Karl Marx em visita à Venezuela, em vídeo (https://youtu.be/vKkPT3neiPw): "A crise é a melhor combinação para conseguir a construção do novo". O novo de que eles falam é o velho socialismo. Está havendo no Brasil uma intenção política, legislativa e ideológica de esculhambar a sociedade livre para justificar uma mudança no sistema social. Criar o caos parece ser o objetivo. É a aplicação do método do quanto pior melhor. A condução das políticas econômicas atuais aponta para a destruição das nossas já combalidas bases capitalistas. A justiça está aplicando penas alternativas e mandando soltar bandidos perigosos porque não há presídios suficientes (os 6 bilhões roubados pela quadrilha comandada pelo PT dariam para construir presídios suficientes e ainda sobraria muito dinheiro para aplicar em educação). Os presídios realmente são uns amontoados de verdadeiros lixos humanos que não têm, assim como estão, a menor chance de recuperação para os detentos. Os legisladores fazem leis amenizando cada vez mais as punições aos bandidos perigosos, que mal são presos e em seguida voltam às ruas pelo tal regime semiaberto para continuarem praticando outros crimes e matando pessoas inocentes. Temos uma legislação que desanima qualquer policial e qualquer pessoa decente que trabalhe na área de segurança pública. A polícia prende 30 ou 40 vezes o mesmo bandido e a justiça solta. Hoje mesmo vi, na televisão, bandidos sendo presos depois de um assalto e dando risadas. É a certeza da impunidade. Eles riem na cara da sociedade. Esta sociedade idiotizada pela crença e adesão ao "politicamente correto". Fiquei com pena daqueles policiais. Estão enxugando gelo. Quem são os autores dessas leis amigáveis aos bandidos? Pode pesquisar, são os políticos socialistas e comunistas. É Marilena Chauí e seus comparsas que odeiam a classe média e mandam soltar a bandidagem para que estes se vinguem dos "burgueses malditos". Eles acusam esta nossa sociedade "injusta" de ser a culpada pela existência dos bandidos. Para eles os bandidos são as "vítimas do sistema". Realmente este sistema intervencionista patrocinado pelos partidos de esquerda emperra o desenvolvimento e gera pobreza. Mas eles não admitem que seja o excesso de governo o causador do problema. É o sistema de livre iniciativa individual que acusam. É o capitalismo que acusam, como se o Brasil fosse capitalista, quando na verdade este sistema passou muito longe do nosso país. Realmente a quantidade de estatais e o grau de intervenção existente no Brasil o caracterizam como um país semissocialista. Pela lógica desses políticos, você que tem uma empresa e trabalha duro gerando empregos, correndo riscos e pagando altos impostos, você que é um empregado decente e cumpridor das suas obrigações e que também paga altos impostos diretos e indiretos, você que lutou tanto para se formar e ser um profissional útil à sociedade, você que leva uma vida de trabalho sério e é um cumpridor das regras da sociedade, você que valoriza a sua liberdade e acredita na iniciativa pessoal, você é que é o culpado pela existência dos bandidos. Portanto, você que é um burguês da "classe média opressora" deve ser eliminado para que os "sábios e generosos" socialistas dirijam a sociedade rumo ao "paraíso". É que esses políticos só pensam em um coletivo liderado por mentes superiores (as deles, claro), capazes de organizar toda a sociedade como se fosse um rebanho, enquanto que cada indivíduo é considerado um incapaz. O discurso de Maduro faz sentido quando diz, citando Dilma Roussef, que a crise favorece a mudança para o novo; então vamos criar a crise, pensam eles.

Lembro de um Secretário de Segurança de um governo petista do Rio Grande do Sul que achava muito normal um sujeito assaltar uma farmácia porque não tinha dinheiro para comprar o remédio. O próprio Secretário disse que se não tivesse o dinheiro, também assaltaria. Quando temos esse tipo de gente no comando, a sociedade regride moral, econômica, social e culturalmente.

Para conter a corrupção, o governo, como primeiro passo, deve se concentrar melhor nas questões de justiça e segurança, e deixar a energia elétrica, os telefones, a produção de petróleo e as fábricas de parafuso para a iniciativa privada, que já provou ser muito mais competente.

O SISTEMA SOCIALISTA/COMUNISTA

Se o cerne do capitalismo é o livre mercado e a pluralidade política, e sendo o socialismo antagônico ao capitalismo, então o socialismo completo é a eliminação do livre mercado e a centralização do poder, ou seja, o sistema socialista/comunista caracteriza-se pela estatização de **todos** os meios de produção e pela institucionalização do sistema político de partido único, ou, ainda, é a intervenção de maneira completa na vida econômica e política do cidadão. É o aniquilamento da cidadania. Todas as empresas existentes em um país socialista são administradas pelo governo; são estatais que não visam ao lucro. Porque *lucro* é uma palavra banida do vocabulário socialista. Sabendo-se disso, não é difícil entender os princípios e as atitudes de políticos socialistas/comunistas como Leonel Brizola, que, quando Governador do Rio Grande do Sul, estatizou várias empresas, inclusive a CEEE (Companhia Estadual de Energia Elétrica), Olívio Dutra, que, além de não privatizar, escorraçou grandes empresas que iriam se instalar no Rio Grande do Sul, além da ameaça de reestatização. O último Governador do PT no Rio Grande do Sul, Tarso Genro (aquele que, quando Ministro da Justiça, deu guarida ao assassino comunista Cesare Batisti), não descansou enquanto não criou mais uma empresa estatal, a EGR (Empresa Gaúcha de Rodovias), desarticulando o sistema privado de administração das rodovias. Quando esse tipo de gente assume o poder, começa o processo de agigantamento do Estado e o definhamento da iniciativa privada, cujo objetivo final – embora não declarado abertamente ou até negado – é a transferência de todo o sistema produtivo para a responsabilidade do Estado. No sistema socialista/comunista acabado, não é permitido, em hipótese alguma, o funcionamento de empresas particulares de qualquer ramo de atividade. O Estado é o responsável pela fabricação, distribuição e venda de todos os tipos de produtos possíveis e imagináveis, desde alfinetes até aviões. Cabe ao governo determinar o que deve ser produzido, quem vai produzir, a quantidade a ser produzida, quem vai consumir, o quanto pode consumir e quanto vai custar. É o planejamento central do governo. Se não há mercado livre, logo não há concorrência. Um sistema econômico assim sempre é conduzido por um sistema político de partido único: O Partido Comunista (PC). Não existe a possibilidade da criação de outros partidos políticos. É o que podemos chamar de ditadura política e econômica. Pelo menos até hoje sempre foi assim onde foi colocado em prática. Claro que também os meios de comunicação são únicos. TV estatal única, jornal estatal único, rádio estatal única etc. É a imprensa oficial. Aliás, *único* é uma palavra bem ao gosto dos socialistas/comunistas: SUS – Sistema Único de Saúde estatal brasileiro. CUT – Central Única dos Trabalhadores, dirigida pelos líderes socialistas/comunistas brasileiros. Quanto mais coisas "únicas" forem sendo conseguidas, quanto mais regulamentos, quanto mais controles, quanto mais impostos progressivos, quanto mais estatização, quanto mais planejamento central, enfim quanto mais intervenção, tanto mais distantes do capitalismo e mais próximos ao socialismo estaremos. Então, dizem que houve avanço. Avanço rumo ao socialismo.

Embora seja negado pelos seus pregadores, o socialismo/comunismo é absolutamente contra a pluralidade em todos os segmentos da sociedade. Quem não concorda com as diretrizes do partido único não tem alternativa. Será punido. E a punição varia de acordo com o estágio de implantação do sistema, que pode variar de advertência leve (caso do Rio Grande do Sul na administração dos governos petistas) até o fuzilamento sumário (caso de Cuba, Coreia do Norte e China). Num país onde a dose de socialismo é pequena, ou seja, onde ainda predomina a democracia e ainda há escolhas, como é o caso do Brasil, as punições são mais brandas.

Sobre a segurança pública prestada pela Brigada Militar no Rio Grande do Sul, quando o Estado foi governado pelo socialista/comunista Olívio Dutra, quando o policiamento sumiu das ruas, transcrevo um trecho da coluna de Paulo Sant'Ana, do jornal *Zero Hora*, de Porto Alegre:

> *Estes dias, em duas ocasiões diferentes, dois PMs se chegaram a mim e me disseram: "Não diga que fui eu quem lhe informou, mas a nossa gasolina está cortada". Logo em seguida, foi divulgado nos jornais que os policiais estavam terminantemente proibidos, sob pena de punição, de reclamar de escassez de recursos, entre eles os relativos aos combustíveis das viaturas.* (SANTANA, Paulo. "Procuram-se policiais". *Zero Hora*, Porto Alegre, 11 fev. 2000, p. 51.)

O direito de expressão dessa categoria de trabalhadores foi eliminado. A punição para os desobedientes não seria severa, porque o socialismo/comunismo estava na fase inicial, pois ainda tínhamos a democracia em vigor. A punição seria no máximo de uma transferência para uma cidade longínqua e uns dez ou vinte anos sem aumento salarial.

O conceito dos socialistas/comunistas sobre a liberdade e a felicidade do cidadão se encerra na providência da moradia, da alimentação e da educação, mesmo que para isso o cidadão tenha que ficar limitado a uma área geográfica, a uma ração alimentar básica (quando não morre de fome) e a um rumo profissional definido pelo Estado. É como prender um pássaro na gaiola, dar-lhe água e comida, e então dizer: *esta ave tem onde se empoleirar, tem o que beber e comer; o governo providenciou tudo, porque ela não tem capacidade para sobreviver por conta própria. Portanto, esse passarinho vive livre e feliz dentro dessa gaiola, porque o Estado assim o quer.* Mas a felicidade de um ser humano – diferentemente de um cão acorrentado que abana o rabo para o seu dono ao receber um cocho de ração – está menos no que come ou possui e mais na sua liberdade no sentido real, em sonhar e realizar no lugar que escolher e da maneira que bem entender.

Na visão dos socialistas/comunistas, os cidadãos comuns (o povo) são seres inferiores e incapazes, para os quais tudo deve ser organizado e providenciado pelas *mentes superiores* dos dirigentes do partido.

O conceito de liberdade do liberalismo/capitalismo vai muito além da obtenção das necessidades materiais básicas de que o cidadão necessita. É o reconhecimento de que o ser humano é dotado de um espírito, o qual é alimentado pela realização pessoal. Para grande parte das pessoas, a realização pessoal está acima das conquistas materiais. Do ponto de vista liberal capitalista, em termos filosóficos, as coisas de que o homem necessita para viver devem ser alcançadas pelos seus sacrifícios e méritos próprios, sem a imposição de limites geográficos e sem a tutela do Estado, porém respeitando a liberdade e a propriedade do seu concidadão.

Numa ocasião, houve uma reunião dos Governadores de Estado com o Presidente da República para discutir assuntos relativos à Previdência Social, da qual os governadores do PT não participaram por proibição do partido. Aparentemente são atitudes coerentes, porém denotam a intolerância às ideias diferentes da sua cartilha marxista. Como de praxe, punições severas são aplicadas aos desobedientes quando funciona o sistema socialista/comunista de partido único. Foi o que ocorreu na União Soviética no auge da ditadura bolchevique, onde milhões de cidadãos foram presos e centenas de milhares assassinados (os meios justificam os fins) em nome da causa socialista/comunista. Tem-se o hábito de condenar este ou aquele ditador, mas temos que nos habituar a identificar e a condenar sistemas totalitários e perversos como o socialismo/comunismo, o fascismo e o nazismo. Antes de condenarmos as más pessoas, temos que condenar as más ideias, porque nós, seres humanos, somos todos ditadores em potencial.

Hoje sabemos que a chacina soviética foi em vão, pois ficou comprovada a impraticabilidade do sistema, por várias razões, mas principalmente pela impossibilidade do cálculo econômico, por falta das referências de preços de mercado, conforme previu Ludwig Von Mises, em seu livro *Liberalismo*, no início do século.

Atualmente, quando se fala das atrocidades cometidas pelos socialistas/comunistas da União Soviética (os bolcheviques) e da China comunista, ouvem-se comentários irônicos dos seus seguidores do tipo "você também acredita que os comunistas comiam criancinhas?", acompanhado de uma risadinha fazendo cara de inteligente, tentando nos fazer parecer bobinhos por não entendermos as "maravilhas" do comunismo/socialismo. No entanto, há relatos verdadeiros sobre a ocorrência do canibalismo. Não dos líderes, porque estes comiam do bom e do melhor, enquanto o povo morria de fome. Durante a grande fome proporcionada pelos socialistas/comunistas, as pessoas comiam folhas de árvores, grama e qualquer coisa que se mexesse, desesperadamente. Todas as pessoas vulneráveis eram alvo do canibalismo e as crianças eram as mais vulneráveis. Daí a fábula de que os comunistas comiam criancinhas. Não eram os comunistas que comiam crianças, mas as vítimas do comunismo, porque não tinham o que comer.

A União Soviética foi o país socialista/comunista no mais amplo sentido, embora esse sistema nunca tenha sido experimentado na sua forma pura, isolada, com total isenção de influências externas, porque mesmo lá estavam com seus espiões e antenas a buscar informações do mercado livre ocidental. Hoje se ouvem notícias sobre velhinhas inglesas, agentes duplos e espiões americanos aposentados (os ladrões dos inventos capitalistas) simpatizantes do socialismo/comunismo que, no período do experimento soviético, lhes repassavam informações que se pressupõem não fossem exclusivamente militares. Alguém poderá argumentar que os serviços de espionagem eram bilaterais. Então, simbolicamente, podemos traçar um paralelo entre essas trocas de espionagem com dois jogadores de xadrez, situação em que um é mestre e o outro, principiante. Os dois disputarão uma série de partidas. À medida que as partidas forem se desenrolando, o principiante elevará seu nível de jogo, absorvendo os conhecimentos do mestre. O que o mestre tem a aprender com o principiante? Nada. Ainda assim, a indústria soviética estava sucateada, se comparada às modernas fábricas dos países onde prepondera a economia de mercado. Estaria em pior situação caso tivesse ficado hermeticamente isolada, sem as informações do mundo capitalista. Quem já não viu um lada rodando por aí? À indústria ocidental nada ou pouca coisa foi acrescentado como resultado da espionagem.

A maioria das pessoas se refere aos Estados Unidos e à União Soviética como as superpotências mundiais, entretanto há que se acrescentar uma diferença fundamental entre os dois países. Os Estados Unidos sempre foram uma potência econômica e militar, enquanto que a União Soviética era uma potência unicamente militar, com um desenvolvimento econômico de terceiro mundo e racionamento contínuo de todos os produtos básicos necessários à sobrevivência. Atualmente não existe mais nenhum país com um socialismo tão avançado e de tanta expressão como foi aquele. Não deu certo. E que não se procurem culpados externos pelo fracasso. Aquele povo teve as condições necessárias para levar a cabo a sua experiência, mesmo que para isso tivessem de usar métodos físicos violentos e o mais duro cerceamento das liberdades individuais já impostas a seres humanos, dentre os quais o direito sagrado de ir e vir, direito de comunicação e expressão, direito de livre escolha dos governantes, direito à propriedade, enfim de todas as liberdades naturais inerentes ao ser humano. A URSS, assim como vários outros países socialistas, podia ser considerada como um gigantesco campo de concentração, onde os direitos humanos jamais foram respeitados. Os russos, com a sua revolução bolchevique, escolheram o caminho das pedras, andaram em círculos, para enfim caminhar em direção a uma sociedade mais livre, pois estão agora, timidamente, tentando redirecionar o seu país para a economia de mercado, apesar das recaídas de Vladimir Putin, seu líder atual.

Até Fidel Castro está permitindo, aos poucos, investimentos particulares externos para salvar a sua Ilha. É o capitalismo socorrendo o socialismo. Quase todos os países socialistas/comunistas estão caminhando gradualmente para o sistema misto, e os países de sistema misto estão caminhando para o capitalismo, com exceção dos países bolivarianos latino-americanos e do Brasil sob a batuta do PT. Os países que primeiro se livrarem do receituário socialista e executarem a mudança sairão na frente na elevação dos indicadores econômicos e sociais. É uma lástima que o nosso país esteja sendo comandado há mais de 12 anos pelos socialistas do PT. Não progredimos quase nada nesse período e agora neste ano de 2015 vamos regredir, segundo as previsões. Ando muito pessimista em relação ao Brasil, porque não temos oposição ao PT. O PSDB, que é a segunda força política, era seu aliado até pouco tempo atrás e é um partido de esquerda como sempre foram os seus militantes. Precisamos de uma oposição ao socialismo e à social democracia. Precisamos de uma oposição liberal. Se você quer viver e ver os seus filhos e netos vivendo em um país melhor, com mais segurança, e que alcance os níveis dos países desenvolvidos, você precisa ajudar a divulgar as ideias liberais capitalistas, que são as únicas que podem, de verdade, promover o progresso. Enfim, espero que o mundo se transforme, um dia, em um grande Planeta liberal/capitalista, globalizado, onde não existam diferenças econômicas entre os povos. E que o subdesenvolvimento e a miséria que assolam multidões pelo mundo afora sejam erradicados definitiva e consistentemente. A globalização proporcionará o emparelhamento econômico de todos os povos do planeta, pela fácil locomoção humana e do capital, menos daqueles nacionalistas doentios que optarem pelo ostracismo internacional, em uma antieconômica tentativa de reinvenção da roda. Enquanto isso, nossos socialistas/comunistas brasileiros estão com os olhos vendados para a realidade mundial, pois querem trilhar o mesmo caminho pelo qual a ex-URSS patinou durante mais de oitenta anos, para, afinal, depois da implosão do socialismo, revogar o seu sistema marxista e buscar uma alternativa.

O sistema liberal /capitalista

Com a queda do Império Romano por volta do século V d.C. e início da era medieval, passa a predominar o Modo de Produção Feudal, que era basicamente agrário, com escassa circulação monetária, onde os donos das propriedades eram os privilegiados senhores feudais, os chefes tribais e o clero. Os feudos não se comunicavam uns com os outros. A Europa viveu uma época de estagnação devido ao modo de produção servil e a inexistência comercial entre os feudos. A palavra *burguês* tem origem nessa época, na baixa idade média, entre os séculos XI e XIII, quando as populações desassistidas da proteção dos reis e dos senhores feudais, começaram a se desenvolver do lado de fora dos feudos, construindo vilas e cidades fortificadas, que eram chamadas de burgos. Era uma época de barbárie e quem vivia fora dos feudos corria o risco de ser saqueado e assassinado sem contar com qualquer tipo de proteção policial ou legislativa. Nessa época teve início, fora dos feudos, o uso da moeda, e o comércio se intensificou por quase toda a Europa, decretando a decadência do sistema feudal e o início do capitalismo burguês. Foi a primeira vez em toda a História da civilização que surgiram populações realmente livres, e sem ninguém para "protegê-las". Foi daí que surgiram os burgueses. Surgiram da ralé, da necessidade de sobreviver, onde os poderes constituídos não os estavam "protegendo". Por estarem livres de qualquer tipo de coerção, os burgueses abriram o caminho para o progresso da civilização. Mas o capitalismo *burguês* não é, como imaginavam os anti-iluministas socialistas e comunistas, apenas mais uma etapa a ser vencida para se atingir um nível superior de organização da vida em sociedade, ou seja, o comunismo. Partidos comunistas de vários países tentaram colocar o comunismo na prática, mas não funcionou. Mas sendo o capitalismo um sistema natural e espontâneo, também não é perfeito, porque não é perfeito o ser humano. Mas o capitalismo é o sistema pelo qual o ser humano é liberado a maximizar o seu potencial. O capitalismo praticado nos séculos XVIII e XIX promoveu um crescimento econômico geométrico e um aumento populacional vertiginoso, como jamais visto na História da humanidade. Mas os socialistas não entenderam o processo. Eles não entenderam que foi a iniciativa privada sob um sistema de plena liberdade econômica que possibilitou o progresso verificado naquele período e que beneficiou todas as camadas da população. O que chamaram de burguesia nada mais era do que aquelas populações desassistidas pelos monarcas, que encontraram na iniciativa própria (iniciativa privada), no individualismo, a solução para os seus problemas, onde a liderança empreendedora de alguns abriu o caminho por onde passaram e também evoluíram os menos empenhados e de menor criatividade. É isso o que acontece quando poderes superiores não atrapalham: a civilização progride. Foi a burguesia que propiciou o desmantelamento do sistema feudal, que acabou com o servilismo, criando e dando início ao sistema comercial. Foram os burgueses que possibilitaram o surgimento dos proletários; sem a burguesia os proletários não teriam nem nascido ou teriam morrido de inanição. Foi a burguesia, sob a égide da doutrina do liberalismo iluminista que criou a democracia representativa, substituindo o poder absoluto dos reis pelo sistema representativo formado pelos poderes Legislativo, Executivo e Judiciário, cada um funcionando separadamente, modelo este utilizado até hoje pelos países democráticos. O sistema que os socialistas e comunistas defendem é antagônico à democracia burguesa. Por isso, quando você ver um socialista ou comunista pregando a democracia, saiba que ele está mentindo. Ele quer se utilizar dela para destruí-la. É assim que os inocentes úteis ajudam a destruir a democracia, democraticamente, votando na esquerda.

Por aí podemos entender por que Marilena Chauí odeia a classe média. Podemos entender por que Lula e Dilma Roussef admiram e apoiam os piores ditadores. É porque a maioria da esquerda, na realidade, é antidemocrática. A esquerda odeia a burguesia porque foi a burguesia quem criou a democracia. É natural você ver esquerdistas elogiando sistemas como o cubano, o norte-coreano, o venezuelano, sistemas que violam todos os direitos humanos, e criticar sólidas democracias, onde há respeito pelo indivíduo, como a norte-americana e a britânica.

Na verdade, *burguês* se transformou em uma gíria socialista para designar o empreendedor ou qualquer um que não compactue com a ideologia coletivista. Sempre que um socialista e/ou comunista todo-poderoso, "iluminado" e "bem-intencionado" promete ajudar o seu povo, o que se vê é violência, decadência, morte e miséria. Isso pode ser visto hoje, nitidamente, na Venezuela de Chaves e Maduro, com o seu socialismo do século XXI. Conseguir comida e papel higiênico (existe algo mais básico?) passou a ser uma aventura diária para o cidadão venezuelano. É isso que o sistema coletivista sempre consegue: destruir o sistema produtivo e levar o povo à miséria.

É preciso que se acredite mais na capacidade individual do ser humano, pois quando foi deixado à própria sorte progrediu como nunca.

O sistema liberal/capitalista é baseado na economia de mercado, na qual **todos** os meios de produção são de responsabilidade e de propriedade da iniciativa privada, que visa ao lucro (abençoado lucro), cabendo ao Estado, cujos principais representantes são legitimados por um sistema político pluripartidário e democrático, promover a justiça e a segurança interna e externa do país. Não há controles de preços, nem empresas estatais, nem intervenções de qualquer natureza. Os direitos políticos e as liberdades naturais são garantidos a todos os cidadãos. Embora não exista sobre a face da Terra nenhum país totalmente capitalista, podemos citar os Estados

Unidos como o que mais se aproxima desse sistema. O padrão de vida verificado naquele país é incomparavelmente superior ao de qualquer outro em todo o mundo. Para se constatar isso, basta observarmos o seu PIB e os demais indicadores econômicos e sociais. Há discussões sobre como aquele país chegou a um nível tão extraordinário de riqueza. Os críticos do capitalismo argumentam que foi com a "exploração" dos países pobres, através dos juros cobrados, o que tornariam esses países sempre dependentes e impossibilitados de se desenvolverem – como sempre afirmava o socialista Leonel Brizola com o seu conhecido chavão *perdas internacionais* – a causa do seu sucesso, mas a verdade é bem outra. Não podemos responsabilizar os Estados Unidos pela nossa própria incompetência interna. Um país que faz da liberdade individual, em seu mais abrangente sentido, o seu maior orgulho e símbolo da prosperidade e que trava uma luta permanente para que ela seja ampliada em todos os países do Planeta só pode ser condenado por uma mente doente e fanática. Não quero, aqui, colocar os Estados Unidos como um exemplo perfeito a ser seguido. Lá também há a ala esquerda intervencionista, representada pelo Partido Democrata, que sempre consegue inserir algum tipo de intervenção econômica, como o protecionismo através da taxação nas relações de comércio internacional e subsídios agrícolas, maculando a pureza do capitalismo.

Quando falamos do gerenciamento de um orçamento, isso pode ser em nível de um país, de um estado, de um município, de uma empresa, de uma família ou de um indivíduo solitário. O critério tem que ser sempre o mesmo: não gastar mais do que recebe. Essa é uma regra básica, primitiva, e irrevogável que existe desde quando o mundo é mundo. Simplesmente porque, remetendo-nos a um passado um pouco mais distante (no tempo da caça e pesca para sobrevivência), não é possível saciar a fome da família com a ave que ainda voa, ou com o peixe que ainda nada nas profundezas do rio. Antes, é necessário capturá-los. Claro que a comida pode ser emprestada pelo habitante da caverna vizinha que já tenha caçado e pescado com sobras. Ponto pré-histórico em que podemos definir como início da convivência social humana ou início da civilização. No nosso sistema atual, damos a essa operação o nome de "crédito". Porém, o beneficiário do empréstimo deverá planejar a sua caçada e a sua pescaria com o objetivo de repor os peixes e as aves anteriormente consumidos. Esse princípio atravessa os milênios sem sofrer qualquer alteração. Em se tratando de governo, isto é chamado de *ajuste fiscal*, que nada mais é do que o equacionamento do equilíbrio entre as contas a pagar e as contas a receber.

Suponhamos que uma pessoa comece a trabalhar ganhando R$ 1.000,00 por mês e gaste R$ 1.050,00. No final de um longo período, terá acumulado uma dívida enorme e, então, terá de se socorrer de um empréstimo ou renegociar a sua dívida para não ter o seu nome sujo na praça. E quanto mais for adiada essa tomada de decisão, mais difícil será o retorno à normalidade. Para voltar à normalidade, o cidadão terá de fazer uma recessão, isto é, diminuir os seus gastos pessoais, sacrificar algumas de suas despesas, sob pena de, em não o fazendo, se tornar inadimplente, insolvente e ser incluído no cadastro dos maus pagadores. Terá de diminuir os seus gastos, em maior proporção ou por um período superior ao período em que gastou além das suas possibilidades, visto que pagará juros. Esse cidadão, com sua insensatez, ao gastar mais do que ganha, opta pela pequena vantagem imediata, com comprometimento do futuro. Abre mão de um dos princípios básicos do capitalismo, qual seja, o de abdicar de uma vantagem imediata para desfrutar de resultados muito mais compensadores no futuro. O sujeito gastador sofre as consequências individuais pela sua irresponsabilidade. O indivíduo cauteloso colhe os frutos da sua paciência. O caso de empresas, municípios, estados ou países endividados é semelhante ao do sujeito esbanjador. O empresário que investe mal e além das suas possibilidades irá à falência, condenando os seus funcionários ao desemprego. O país cujos governantes irresponsáveis gastam além das possibilidades estão condenando o povo a sofrer todas as consequências da sua irresponsabilidade. Em um primeiro momento, ao gastarem mais do que arrecadam, levam o país a altos índices de inflação e, em um segundo momento, terão de provocar uma recessão dos gastos do governo, tal como no caso do sujeito gastador, o que causará uma recessão econômica no país inteiro, visto que o governo é um grande consumidor de todos os tipos de produtos.

A instabilidade econômica verificada no Brasil e em muitos países é fruto do desequilíbrio nas contas do governo e da consequente intervenção na economia. As empresas fornecedoras do governo diminuirão suas vendas e terão que demitir funcionários, o que significa menos consumidores, mais desemprego, menores salários, com reflexo e diminuição da atividade econômica do país inteiro. O país entra em um círculo vicioso negativo, chamado de recessão econômica, e não há mágica que possa solucionar esse problema, a não ser pelo equilíbrio das contas do governo. É por isso que não há combate à inflação sem recessão, assim como não há porre sem ressaca. A inflação é a festa, a bebedeira e o pagamento da conta com um cheque sem fundos. A recessão é a dor de cabeça, a ressaca e a hora de cobrir o cheque para poder voltar à normalidade (reveja *A moeda* na página 63).

A inflação não é uma praga que vem do céu, do inferno ou da ganância dos empresários. É, simplesmente, resultado de uma situação criada pelo próprio governo com sua gastança desenfreada, que, mais dia menos dia, terá de ser estancada, para evitar que a espiral inflacionária destrua a economia do país.

Um dos princípios básicos do capitalismo é não gastar além das possibilidades para não comprometer o futuro. Portanto, quando observamos que um país está sofrendo, com altos índices de inflação, é sinal de que o governo está gastando mais do que arrecada e, de longe, sem conhecermos a fundo quaisquer outras suas particularidades, podemos ter a certeza de que não está sendo praticado esse princípio capitalista. O Brasil sofreu desse mal a vida inteira, porque tal princípio capitalista nunca foi aplicado na prática.

É óbvio que há diferença entre aplicar o dinheiro de um empréstimo para cobrir rombos de empresas estatais ineficientes ou em um projeto produtivo. Em condições normais, tal supervisão não cabe a quem empresta o dinheiro e, sim, a quem toma emprestado. Mas quando aquele que toma emprestado não faz um bom gerenciamento dos recursos, o financiador, na iminência de tomar um prejuízo, se acha no direito e na obrigação de fazer a fiscalização sobre a aplicação dos recursos liberados. Isso foi o que ocorreu com o Brasil em relação ao FMI (Fundo Monetário Internacional) há 20 ou 30 anos. Foi vergonhoso para nós brasileiros (pelo menos eu me senti assim) o nosso País ter sido monitorado por um órgão internacional para ter o seu aval perante as instituições financeiras internacionais. Foi humilhante para o brasileiro vir um técnico do exterior e ensinar o bê-a-bá da economia para os nossos governantes, coisa que toda dona de casa sabe fazer muito bem. Ensinar as duas operações mais simples da matemática: adição e subtração. Isso significa que os nossos governantes até hoje não tiveram o preparo necessário para gerir os negócios públicos do nosso País. A situação atual do Brasil é reflexo da incapacidade e da irresponsabilidade dos nossos governantes durante várias décadas. A situação de subdesenvolvimento do Brasil não é culpa do FMI, que apenas alerta para que a coisa não fique ainda pior. Portanto, não vamos culpar nossos credores por nossa incompetência e mau gerenciamento. Essa é uma atitude própria dos caloteiros incompetentes e não de gente séria, que gosta de honrar os seus compromissos.

Sempre é hora de começar a fazer a coisa certa. A mudança de rumo nas políticas econômicas dos países pobres é necessária e urgente. Mas este novo rumo tem que ser o rumo da verdade, da realidade, do sacrifício e da seriedade, e não o rumo da ilusão e da promessa demagógica populista. Enquanto os cidadãos dos países pobres continuarem acreditando e esperando que os seus presidentes e os seus deputados, não importa de que partidos sejam, irão resolver o problema da pobreza pela demagógica proposta da artificial redistribuição de renda e aumento da intervenção econômica, continuarão sendo países pobres e perpetuarão a miséria.

Pelo fato de a inflação nos Estados Unidos ter sido sempre extremamente baixa e sem controles de preços indica que o princípio capitalista de não gastar mais do que arrecada foi praticado ao longo da sua história, e criou um dos fatores que propiciaram o clima favorável ao desenvolvimento. Portanto, a causa da riqueza dos Estados Unidos está nas suas instituições, privilegiando a economia de mercado, e não na exploração dos países pobres. Um presidente, certa vez, colocou a seguinte frase na parede do seu gabinete: "Não pergunte o que o seu País pode fazer por você, mas, sim, o que você pode fazer pelo seu País". E olha que este presidente foi nada mais nada menos que John F. Kennedy, um legítimo representante da esquerda norte-americana. Donde se pode inferir que a esquerda deles é mais pró-capitalista que a direita brasileira. E outro presidente pronunciou: "O governo não é parte das soluções para este país. O governo é o problema." Esta foi de Ronald Reagan, um verdadeiro defensor da liberdade e do capitalismo. Enquanto nos Estados Unidos o próprio governante considera o governo um problema em si mesmo, países anticapitalistas, como o Brasil, submetem as soluções dos seus problemas para a responsabilidade do governo onipotente, onisciente e que "tudo resolve". Essa é a diferença filosófica entre mentalidades que conduzem os povos ou a riqueza ou a pobreza.

Por essas e outras pode-se perceber o tipo de filosofia adotado pelos Estados Unidos. Os americanos não são muito favoráveis a atitudes paternalistas. Tal análise pode ser feita à distância e sem muitos dados sobre a economia interna daquele país. A Constituição dos Estados Unidos é a mais liberal entre todos os países e existe há mais de duzentos anos. É composta de poucos artigos e com a preocupação de limitar os poderes do governo. A Constituição brasileira de 1988, chamada de *Constituição Cidadã,* é a pior de todas as que a antecederam, e, ao contrário da americana, pormenoriza e regulamenta tudo, desde taxa de juros até divisão de terras indígenas. Criou direitos impossíveis e preteriu deveres indispensáveis. É uma Constituição que está muito mais próxima do socialismo do que do capitalismo – e já estamos convivendo com ela há quase três décadas. Mas os críticos do capitalismo atribuem o subdesenvolvimento brasileiro ao *neoliberalismo.* Ao contrário, o Brasil está neste atraso pela falta de uma política econômica liberal verdadeira. Aliás, não existe *neoliberalismo.* Isso é um chavão criado pelos socialistas/comunistas, normalmente representados pelo PT e outros partidos socialistas e comunistas, como o PSB e o PCdoB, geralmente aglomerados em uma denominada frente popular, com a intenção de criar um tom pejorativo e difamatório em torno da economia de mercado. Alguém já disse que uma mentira repetida mil vezes se torna uma verdade e essa é a tática dos socialistas/comunistas. Tudo o que acontece de mau é atribuído ao *neoliberalismo* (liberalismo/capitalismo). O liberalismo defendido pelos autênticos liberais de hoje não é um *novo liberalismo.* É o mesmo de Adam Smith de dois séculos atrás e o mesmo de Ludwig Von Mises, o antagonista de Karl Marx, do início do século XX, assim como o socialismo de hoje é, basicamente, o mesmo prescrito por Marx e Engels há mais de um século. Entretanto, o prefixo *neo* se encaixa mais perfeitamente nos atuais socialistas/comunistas, porque estes, que antes eram comunistas ateus, agora se dizem, hipocritamente, *comunistas cristãos,* o que deve fazer o ateu Marx estremecer na sepultura. Não houve a evolução natural do liberalismo para o socialismo, como pensou Marx, o que seria a justificativa para o surgimento de um novo liberalismo (uma dissidência). É necessário que se esclareça isso, porque liberais e socialistas que lutaram lado a lado contra o poder absoluto dos monarcas tiranos não puderam continuar pactuados por diferenças ideológicas conflitantes. Antes, as ditaduras dos monarcas; depois, as ditaduras dos proletários. O liberalismo não compactua com nenhum tipo de ditadura, seja minoritária, seja da maioria. Em suma, fundamentalmente, superada a época dos reinados, é o velho liberalismo em contraponto ao velho socialismo: economia de mercado *versus* planejamento; iniciativa privada *versus* estatais; individualismo *versus* coletivismo; pluralismo *versus* unificação; descentralização *versus* centralização; alta produtividade *versus* baixa produtividade; desenvolvimento tecnológico *versus* ludismo; louvor ao desenvolvimento *versus* pavor ao desenvolvimento; progresso *versus* estagnação; liberdade *versus* escravidão.

Quando se toma os Estados Unidos como exemplo capitalista de progresso e desenvolvimento, os críticos socialistas e comunistas argumentam sobre a existência de pobres naquele país. Para se formar um conceito sobre o que é a pobreza, um referencial é necessário. A pobreza também é relativa. Se a referência for o padrão médio americano, o argumento está correto. Porém, se a referência for o padrão médio da Coreia do Norte, de Cuba, ou dos países marxistas da África, ou ainda de países intervencionistas como o Brasil, o argumento é falho. Portanto, é verdade que existem pobres nos Estados Unidos, porém com uma diferença: os pobres daquele país vivem em melhores condições do que os do resto do mundo. Além disso, os pobres de lá se constituem em sua maioria por mexicanos, brasileiros, asiáticos, cubanos fugitivos de Fidel Castro e gente de todas as partes do mundo, retirantes dos países dominados por sistemas anticapitalistas, a maioria sem qualquer qualificação profissional e dispostos a fazer o trabalho pesado.

Por que tanta gente flui de todas as partes do mundo para os Estados Unidos? Porque o povo gosta dos resultados econômicos do capitalismo, e não quer continuar passando necessidades nos sistemas socialistas e intervencionistas onde nasceram. Porque, no fundo, o povo quer mesmo é o capitalismo, quer conforto, quer bons salários, quer melhorar o padrão de vida, quer um futuro melhor, quer viajar (sem pedir permissão ao governo), mas para tudo isso precisa compreender que o capitalismo só existe onde há liberdade econômica e política. Porque lá no capitalismo está a liberdade individual, o sonho, a possibilidade, a oportunidade de ganhar dinheiro. É o sonho americano. Existem dados indicativos de que a população dos Estados Unidos é composta hoje com mais de 20% de estrangeiros, embora haja barreiras fortíssimas à entrada de novos imigrantes. Muitos cubanos se atiram ao mar, arriscando a própria vida em embarcações improvisadas, na tentativa de conquistar a liberdade em território norte-americano.

Depois de tantas atrocidades cometidas pelo socialismo/comunismo em todos os países onde foi colocado em prática, pode-se colocar em dúvida até a autenticidade das manifestações públicas do povo cubano em apoio a Fidel Castro, por causa da permanente lavagem cerebral da população executada desde o jardim de infância, da manipulação das massas e da vigilância à população encurralada.

Diante desses argumentos, poderíamos definir capitalismo como um sistema no qual as pessoas querem ingressar; e socialismo um sistema do qual as pessoas querem fugir.

Quando tomamos os Estados Unidos como o país mais capitalista do mundo, isso não significa que eles também não cometam heresias. O comércio internacional, por exemplo, serve para compensar as deficiências e carências de produtos e matérias-primas de uns países em relação a outros, e também para estimular a concorrência comercial internacional, o que traz benefícios para os povos de todos os países integrados ao comércio mundial. Quando dificultam com sobretaxas proibitivas a entrada de produtos oriundos de outros países em território americano, estão praticando o anticapitalismo, o antimercado. Com atitudes desse tipo prejudicam tanto o povo americano quanto o povo do país exportador. Os que desejavam exportar sofrerão com a diminuição do faturamento e provável desemprego. Ao povo americano será negado o acesso a produtos mais baratos. Um rico (país, empresa ou pessoa) de vez em quando pode se dar ao luxo de fazer alguma extravagância, mas um pobre não.

Quando comparamos o PIB *per capita* do Brasil com o PIB *per capita* dos Estados Unidos, podemos ver o abismo econômico existente entre os dois países. Isso significa que no Brasil quase tudo está por fazer, há muito trabalho pela frente. Mas para chegarmos ao nível dos Estados Unidos e até ultrapassá-los – **por que não?** – temos que usar os mesmos métodos utilizados por eles, ou seja, o capitalismo – e até um capitalismo mais puro do que o deles, e não os métodos socialistas/comunistas fracassados em todos os países onde foi utilizado. Não devemos imitá-los, por exemplo, nas suas atitudes anticapitalistas quando punem a iniciativa e a criatividade de um Bill Gates, ou quando subsidiam a sua agricultura ineficiente ou levantam barreiras comerciais aos produtos oriundos de outros países.

O povo brasileiro não é inferior a qualquer outro sobre a face da Terra. Pelo contrário, é um povo trabalhador e de muita criatividade. O jeitinho brasileiro que parece fruto da miscigenação e tão malvisto por alguns é sinal da inteligência do brasileiro, a inteligência de muitas vezes ter que vencer obstáculos legislativos contraditórios criados pelo governo. Além disso, o Brasil é um país privilegiado geograficamente, com um clima favorável e um solo fértil. O Brasil é um país lindo e verde! Não sofre com terremotos, nevascas, furacões e guerras. O Brasil tem tudo a seu favor; basta que se criem as condições políticas favoráveis e se adote o sistema econômico de maior sucesso, e que deu os melhores resultados em qualidade de vida da população em qualquer lugar do Planeta, principalmente nos Estados Unidos, ou seja, o capitalismo, onde é adotado de maneira mais completa.

A intensificação do comércio mundial é chamada de globalização, sobre a qual os socialistas/comunistas não querem nem ouvir falar. O medo deles se justifica, porque eles gostam de regimes políticos fechados, como o da Coreia do Norte, da Albânia e de

Cuba, e a globalização possibilitará a integração mundial entre os povos. A globalização é a concorrência comercial internacional, é o capitalismo global. Para quem odeia a competição comercial, o livre mercado, e prefere coisas únicas, tipo partido único, fábrica estatal única, imprensa única, a globalização, realmente, é uma coisa muito má.

Assim como a **competição** nas olimpíadas nos leva aos melhores resultados esportivos, com a repetitiva quebra de recordes, também os melhores resultados econômicos e sociais só podem ser alcançados através da **competição** comercial.

Com a globalização, em pouco tempo não será mais necessário as pessoas do mundo inteiro quererem entrar nos Estados Unidos, atraídas pelo capitalismo. O capitalismo irá ao encontro das pessoas em todo o globo. Não tenhamos medo de sermos felizes. Viva o capitalismo. Viva a concorrência. Viva a liberdade. E viva o Brasil!

OS ÚLTIMOS 80 ANOS DO BRASIL

Há algum tempo, com o objetivo de apontar as causas do estado de pobreza do nosso País, foi publicado nos jornais o *Manifesto em Defesa do Brasil, da Democracia e do Trabalho*, escrito por Celso Furtado e assinado por uma lista de socialistas, comunistas e intervencionistas de todas as vertentes. Subscrevem o manifesto nomes como: Aloízio Mercadante (deputado e economista – PT), João Amazonas (presidente do PCdoB), Barbosa Lima Sobrinho (jornalista), Frei Beto (religioso), Maria da Conceição Tavares (economista e professora), entre outros. Essas pessoas que fazem parte da *elite intelectual* deste País atribuem ao *neoliberalismo* o atraso econômico em que o Brasil se encontra. Alguns trechos do manifesto:

> *[...] O dia a dia dos brasileiros assume ares de tragédia; as condições de vida da ampla maioria de nosso povo tornam-se degradantes, com o desemprego atingindo patamares insuportáveis. [...] Sobre a tragédia do neoliberalismo sobrepõe-se a deterioração econômica, política e moral do País, traduzida na conduta do governo FHC. [...] O Brasil conseguiu, com o esforço e o sacrifício de seu povo, altos níveis de desenvolvimento e uma industrialização que, acelerada a partir de 1930, chega até 1980. Mas, apesar das conquistas representadas pela revolução de 1930 – marco no desenvolvimento político-social brasileiro e base do crescimento moderno –, nossas elites jamais cogitaram de reformar nossa estrutura social, fundada na exclusão das massas e na acumulação capitalista pelas minorias. [...] Depois de tantos anos de experimento neoliberal, o Brasil ostenta índices obscenos de desigualdade social.* (FURTADO, Celso. "Manifesto em Defesa do Brasil, da Democracia e do Trabalho". *Zero Hora*, Porto Alegre, 23 jan. 2000. p. 45.)

Que tais pessoas sejam contra o capitalismo/liberalismo é perfeitamente compreensível, pois elas são socialistas/comunistas. O que é inadmissível e lamentável é o diagnóstico completamente equivocado e mentiroso que fazem a respeito da história socioeconômica das últimas décadas do Brasil. Diz o manifesto que a situação de pobreza e miséria do Brasil é culpa do *neoliberalismo*. Ora, essas pessoas estão mal informadas sobre o que é o liberalismo econômico ou estão muito mal-intencionadas. Dá a impressão de que elas só leram Karl Marx (*Das Kapital*). Parece que não leram Adam Smith (*A Riqueza das Nações*) nem Ludwig Von Mises (Liberalismo). Eles precisam saber que o autêntico liberalismo/capitalismo não é a favor de golpes do tipo daquele aplicado ao Brasil na década de 30. Não é a favor de ditaduras do tipo da que foi implantada no Brasil em 1964. Não é a favor da ditadura de Fidel Castro em Cuba, da qual muitos dos subscritores do manifesto o são. Não é a favor da ditadura chinesa, não foi a favor da ditadura soviética, e não é a favor de nenhum tipo de ditadura política ou econômica, simplesmente porque as ditaduras exterminam a liberdade. Desculpe-me a necessária redundância, porque liberalismo exige liberdade.

O liberalismo não é a favor da guerra nem da guerrilha, como alguns dos signatários do manifesto foram os próprios guerrilheiros no período da ditadura militar. O pensamento liberal já compreendeu há mais de 200 anos, através dos seus pensadores e idealizadores, que a maneira inteligente de promover o progresso não é pela revolução armada e, sim, pela revolução das ideias. Das boas ideias. A guerra destrói. A paz é construtiva. Um sinal nítido de que a guerra é prejudicial é quando ela ocorre nos países produtores de petróleo, porque logo em seguida percebe-se a alta dos preços, devido às dificuldades de comercialização e transporte do produto. O liberalismo é contra as armas e contra a guerra, porque sabe que um dia as ideias vencerão as armas. Um dia, as melhores ideias prevalecerão. Elas serão postas em prática pela demonstração e pelo convencimento. E as melhores ideias são as que defendem a liberdade política, a liberdade econômica, a liberdade religiosa, a liberdade de expressão, enfim as liberdades de modo geral, o direito à propriedade, o Estado de Direito e a paz. Só existe uma doutrina que defende esse conjunto de ideias: a doutrina liberal.

O liberalismo não é a favor do tipo de modelo econômico estatal e intervencionista adotado pelos militares durante mais de vinte anos no Brasil. O liberalismo não é a favor do tipo de planos econômicos implementados por José Sarney e Collor de Melo, com seu tiro único na inflação e no sequestro de ativos financeiros privados, nem assina nenhuma das ideias de um retrógrado inconsequente como Itamar Franco.

Na década de 30, com a implantação da ditadura do Estado Novo, tendo o nacionalista e ditador Getúlio Vargas no comando do País, teve início a aposta no Estado Empresário. A economia de mercado, ou seja, o liberalismo/capitalismo ou *neoliberalismo*, como querem os socialistas/comunistas, foi, simplesmente, ignorado. Em mais de oitenta anos compreendidos entre o Estado Novo, passando pelo regime militar de 1964, a Nova República, os dois governos de FHC e os dois governos de Lula, foram implementados programas estatizadores, intervencionistas, dirigistas, militaristas ou outra coisa qualquer, mas nunca um programa liberal capitalista. Portanto, é injusta, maldosa e caluniosa a acusação de que o *neoliberalismo* é o responsável pela tragédia brasileira. A situação de miséria em que se encontra grande parcela da população brasileira, os chamados *excluídos*, é reflexo, isso sim, de uma forte dose de intervencionismo econômico – inspirado em ideias marxistas, porque naquela época era moda – desde o Estado Novo de Getúlio Vargas, com seu nacionalismo doentio e a criação das empresas estatais como a Petrobras, entre outras (uma empresa estatal é prejudicial. Uma superempresa estatal é superprejudicial à população de um país), até o semissocialismo militar aplicado ao País pelos governos militares, de 1964 até 1985, e pelos civis, de 1985 a 2015.

No governo de José Sarney, em 1986, foi posto em prática um plano econômico pomposamente chamado de *Plano Cruzado*. Aquele plano, embasado em princípios socialistas/comunistas, estabeleceu o tabelamento e o congelamento – práticas anticapitalistas – de todos os preços de produtos e salários em todo o País, com a aprovação de 99% da população brasileira, ou seja, o plano foi aprovado pela massa guiada e pela elite pensante – os intelectuais deste País. No período imediatamente anterior ao plano, os índices de inflação eram altíssimos. No ano de 1985 a inflação havia atingido a marca de 242%. Os governantes de então e toda a ala socialista, comunista e intervencionista deste País, seguidos pelo povão, em uníssono, acusavam os empresários de *gananciosos causadores da inflação*. Então, em 28 de fevereiro de 1986, foi decretado, de surpresa, o *Plano Cruzado: o Plano da Inflação Zero*. Tudo o que se possa imaginar dentro do País teve seu preço tabelado e congelado. Era o País inteiro contra aqueles *empresários malditos e gananciosos*. José Sarney convocou toda a população para fiscalizar e delatar qualquer hipermercado, qualquer boteco de periferia ou qualquer criador de minhoca que ousasse vender o seu produto acima do preço tabelado. Todos os cidadãos foram, ridiculamente, convocados e *nomeados* pelo presidente para serem seus fiscais de preços. No embalo, quase todos nós nos transformamos em *fiscais* (palhaços) *do Sarney*. Concomitantemente, orientado pelas teses do intervencionismo keynesiano, representado pela professora Maria da Conceição Tavares, o governo nunca, em toda a história econômica deste País, imprimiu tanto dinheiro falso, sem lastro, isto é, sem o correspondente aumento do Produto Interno Bruto (PIB), como na época do Plano Cruzado. Mas a farra durou pouco. Conseguiram segurar os preços na marra até as eleições de outubro de 1986, quando o PMDB de Sarney elegeu os governadores em quase todos os Estados. Logo que as eleições se encerraram, o governo foi obrigado a liberar os preços, porque já não havia quase nada de produtos nas prateleiras. O custo de fabricação de um produto era superior ao preço tabelado, por isso a produção caiu substancialmente. O resultado foi o desabastecimento total do País e, ainda, a queima de quase todas as reservas cambiais de que o Brasil dispunha com o inescapável aumento das importações. Hoje ainda há gente equivocada em relação ao Plano Cruzado, pensando que houve erro de execução, quando, na verdade, o plano nasceu morto pela falta de consistência em base econômica capitalista. Sarney, em seguida, foi obrigado pelas circunstâncias a decretar a moratória unilateral da dívida externa, destruindo a credibilidade do País perante a comunidade internacional.

Por que o plano obteve tão grande aceitação? Por causa da ignorância da elite intelectual e da população deste País nas questões de economia. Porque as propostas socialistas são mais atraentes, são maquiadas, são simpáticas, não exigem sacrifícios; todos têm direito a tudo, e tudo se resolve em um passe de mágica. Para os socialistas, a riqueza existente deve ser distribuída pelo governo *igualitariamente* entre a população, independente do esforço de cada um. Eles não entendem que o enriquecimento de uma sociedade é o resultado de um sistema que motiva cada cidadão individualmente. Todo cidadão tem direito a moradia: tal afirmação está na legislação – socialista – brasileira e na boca de todo político demagogo. Não está escrito que *todo cidadão tem obrigação de pagar pela sua moradia.* O discurso socialista é sempre o mesmo: aponta os problemas – criados pelo intervencionismo – e bota a culpa no *neoliberalismo*. Suas soluções não têm consistência, pois se baseiam na simples expropriação da riqueza já existente e na distribuição de terras. Ninguém, até hoje, demonstrou com argumentos consistentes o que impulsiona o desenvolvimento baseado no sistema coletivista. Nem Marx centrou sua obra, *O Capital*, na descrição do funcionamento do sistema socialista/comunista, mas, sim, em descrever e criticar o capitalismo. É muito fácil criticar o capitalismo – que não é perfeito –, destruí-lo e não apresentar nenhuma solução. É só isso o que tem sido feito no mundo; basta olhar. Aliás, se argumentos existissem, eles poderiam ter feito isso nas três páginas de jornal daquele manifesto óbvio e inútil, que sintetiza o repetitivo discurso anticapitalista e sem soluções de toda a ala socialista/comunista e intervencionista deste País. O *Plano Cruzado* não obteve a aprovação dos verdadeiros liberais defensores da economia de mercado – que eram pouquíssimos – (só me lembro do saudoso Henry Maksoud enfrentando a mídia ensandecida, que o acusava de sabotador do "Plano da Inflação Zero"), por se tratar de um plano de concepção socialista, e por isso mesmo não teria como ser bem-sucedido. O capitalismo/liberalismo não admite tabelamentos e congelamentos de preços.

    A mentora intelectual, defensora e maestrina daquele plano catastrófico, que deve ter causado um atraso econômico ao Brasil de mais de dez anos, foi Maria da Conceição Tavares, tendo Luiz Gonzaga Belluzzo como colaborador e executor, por sinal signatários do manifesto publicado nos jornais. Como pode essa professora acusar o *neoliberalismo*, se vários planos econômicos foram arquitetados e executados por ela e pelos seus camaradas anticapitalistas? Essa mulher e sua turma pensam que somos todos otários e acéfalos? Quem não se lembra da professora, de Dilson Funaro e de João Sayad em todos os canais de televisão e meios de comunicação explicando como seria o funcionamento e as *vantagens maravilhosas* que o *Plano Cruzado* traria para o País? Ou seja, aquele plano, e outros que vieram depois, como o Cruzado 2, o Plano Bresser, o Plano Verão, o Plano Collor 1 e o Plano Collor 2, todos tiveram caráter intervencionista e socialista, mas não *neoliberal*. O liberalismo/capitalismo jamais determinaria a prisão de gerentes de lojas e empresários sob a acusação do *crime* de praticar a economia de mercado, como ocorreu na época do congelamento de preços decretado pelo *experimento* daquela professora e de seus alunos. Descarada e flagrante contradição da professora marxista e de seus camaradas subscritores do manifesto.

    Que *neoliberalismo* é esse que cria empresas estatais e estatiza empresas privadas há quase um século, controla preços, impõe uma carga tributária obscena, não deixa o mercado funcionar, impõe todo tipo de regulamentação, acaba com a liberdade econômica, acaba com a liberdade política, confisca produtos dos produtores privados, confisca ativos financeiros particulares? Se todas essas práticas são características do *neoliberalismo*, então *neoliberais* são os subscritores daquele manifesto.

Esses professores, economistas e políticos que vivem papagaiando baboseiras e fazendo planos que não funcionam, implementando políticas econômicas equivocadas e conduzindo a sociedade à estagnação e à pobreza deveriam ser proibidos de exercer as suas profissões. Deveriam ter os seus diplomas cassados por incompetência e ser responsabilizados pelos seus atos e pelos danos causados à população, assim como acontece com um médico ou engenheiro responsável por uma obra quando cometem erros profissionais.

Depois de Sarney ter acelerado a destruição da combalida economia do país, com seus *Planos Cruzados* e plano Bresser, tivemos os planos Collor, os quais também não tiveram caráter liberal/capitalista, que jamais admitiria o sequestro do dinheiro das pessoas e das empresas particulares.

Todos os tipos de experiências econômicas e políticas já foram executados em nosso Planeta. Não é necessário fazer novas experiências. Agora é só tirar as conclusões. Afinal, é pra isso mesmo que se estuda a História. Para não repetirmos os erros do passado. Isso é primário. No entanto, tem-se visto eminentes figuras da elite brasileira concluindo como aquele cientista e sua experiência com uma aranha, da qual começou por amputar uma perna e dando uma pancada sobre a mesa e um grito, observou que a aranha andava. Arrancando a segunda perna e repetindo o ensaio, percebeu que a aranha andava. Continuando sua experiência, foram sendo arrancadas todas as pernas do animal, que andava cada vez com mais dificuldades. Com apenas uma perna o bicho ainda tentava se locomover. Depois de arrancar todas as pernas e dando a pancada sobre a mesa e o grito, percebeu que o aracnídeo não se movimentava; então concluiu anotando: aranha sem pernas não ouve.

Atualmente, deveria ser consenso geral e fato consumado que a sociedade baseada em ideias socialistas/comunistas desmoronou. As experiências do coletivismo estatal dos países do Leste Europeu, principalmente, e de países de outros continentes devem nos servir de lição. Mas há políticos e outras figuras da elite brasileira chegando a conclusões semelhantes às do cientista com sua aranha. É inacreditável que ainda existam pessoas lutando para construir aqui, no nosso País, um sistema que utiliza as mesmas técnicas e o mesmo material ideológico sem consistência usados na construção da sociedade igualitária da ex-URSS. É a mesma coisa que alguém cogitar o uso dos métodos e dos materiais utilizados na construção do edifício Palace II (o que desmoronou), do ex-deputado Sérgio Naia, para construir outros prédios.

Até 1994, nunca houve um plano capitalista para o Brasil. É surpreendente que, a partir de 1994, o sociólogo, que foi ligado ao movimento socialista/comunista contra o regime militar de 1964, eleito Presidente da República, Fernando Henrique Cardoso, venha começar a colocar em prática as ideias liberais. Realmente, a partir do governo FHC é que o Brasil deu pequenos passos no sentido de se tornar um País mais liberal economicamente, com a aceleração das privatizações e um pouco menos de intervenções no mercado. A direção que o governo FHC tomou estava correta, mas aquilo era apenas o início de uma grande transformação, uma grande revolução ideológica de que o País urge para se tornar um verdadeiro País capitalista. Mas infelizmente, principalmente para os brasileiros mais necessitados, o PT ganhou as eleições em 2002 e alterou a rota econômica do país. Mudanças nas políticas econômicas, dependendo do grau em que são implementadas, podem demorar 5, 10 ou até 20 anos para que seus efeitos sejam sentidos, seja para melhorar ou para piorar. Pois a hora chegou. Desde que tomou o poder, o PT vem dilapidando os pilares da economia, onde o descontrole do déficit público e a gastança improdutiva é o principal causador de quase todos os males econômicos, pois é a causa da inflação e da recessão econômica, males que afetam primeiramente os mais pobres.

Mesmo não tendo cumprido de imediato as promessas de 20 anos de campanha eleitoral de transformar o Brasil em um país socialista, Lula deu uma freada nas privatizações e incrementou a política do distributivismo assistencialista populista. Estava na cara que a ideologia petista não ia conduzir o país para uma economia burguesa, com privatizações e valorizando o empreendedorismo. Pelo contrário, eles sonham em trazer o socialismo para o Brasil, mesmo que seja no longo prazo.

E agora o governo Dilma está enfrentando sérias dificuldades com a sua incompetência e de sua equipe, além da corrupção generalizada, derrubando o seu governo para menos de 10% de aprovação. O Brasil continua no mesmo ritmo das últimas décadas, porém agora com a ressurreição da maldita inflação.

Para enriquecer, o Brasil precisa é de um capitalismo selvagem, o que significa concorrência acirrada, sem protecionismos. A lei da informática é um belo exemplo de como o Brasil ficou fechado em relação ao mundo e o quanto o povo do nosso País foi prejudicado por aquela reserva de mercado estúpida, defendida pelos nossos socialistas/comunistas e pela direita brasileira. Quem precisa de proteção são os consumidores e não as empresas. As empresas devem ficar expostas à concorrência nacional e internacional. A maneira mais inteligente de beneficiar os consumidores é estabelecendo uma competição selvagem entre as empresas. Quanto mais selvagem a competição, menor o preço, maior vantagem para o consumidor, que, em última análise, é o próprio trabalhador. Portanto, quando defendemos o liberalismo/capitalismo como o melhor método de promover o desenvolvimento e o progresso, estamos pensando no consumidor, ou seja, no trabalhador, que, no final das contas, é a mesma pessoa. Em um sistema capitalista, o consumidor é a pessoa mais importante, é o soberano. É o cliente que sempre tem razão. É a ditadura do consumidor, pela compra ou pela recusa da compra dos produtos fornecidos pelos empresários privados. Para o consumidor não importa se o produto que compra é fabricado por um empresário alemão no Brasil, por um empresário brasileiro na Alemanha ou por um empresário japonês na Inglaterra; o importante é que seja pelo menor preço.

O liberalismo/capitalismo não tem a pretensão de se definir como um sistema perfeito. Mas, entre os três sistemas (capitalismo, socialismo e intervencionismo) em uso nos dias de hoje em todos os países, é o que proporciona os melhores resultados econômicos e sociais para toda a população (sem igualitarismo), além de eleger a liberdade individual, o direito à propriedade, o estado de direito e a democracia como os sustentáculos do sistema.

Estamos pagando caro pelos erros do passado. Não devemos acreditar em promessas de melhoria a curto prazo. A recuperação e a retomada do desenvolvimento do Brasil estão prejudicadas com a incompetência do governo do PT, que ao invés de fazer um programa de diminuição gradual de impostos faz o oposto, aumentando passo a passo a pesadíssima carga tributária brasileira. Quando aumentamos a carga tributária, estamos retirando capital do setor produtivo para ser aplicado no setor improdutivo. Tal equação nos leva à diminuição da produtividade do País e isso significa mais desemprego, menores salários e mais pobreza. Quando nós, liberais, propomos a diminuição dos impostos, não estamos pensando em beneficiar somente as empresas. Porque os donos das empresas não se alimentam pior, não se vestem pior, nem seus filhos deixam de estudar por causa dos altos impostos. Estamos pensando nas classes que primeiro sentem as consequências dessas políticas: os assalariados e os desempregados.

Temos de caminhar em uma determinada direção, de maneira gradual, firmes, sem choques, sem retrocessos e sem desvios. Se continuarmos como estamos – estagnados – ou caminharmos na direção do socialismo, estaremos condenados à eterna pobreza. Se caminharmos na direção de um capitalismo puro, em 20 ou 30 anos seremos um dos povos mais ricos do planeta, porque o nosso povo tem muita perseverança e uma invejável capacidade criativa. Pode apostar. Mas infelizmente não é o que está acontecendo. O Estado avança a cada dia contra a liberdade individual, contra o liberalismo. Se transformar em um liberal e ajudar a mudar este quadro não é pecado, pelo contrário, é uma grande virtude, é sinal de evolução. Mudar de time de futebol ninguém pode porque é uma questão de amor e de paixão, mas mudar a posição ideológica é uma questão de razão, de inteligência, de caráter e até de humildade. Ser liberal é não ser hipócrita; é ter a coragem de dizer que a vida não é fácil, que é necessário trabalhar duro para conquistar as coisas e não esperar que seja dividido o que é dos outros, como querem os socialistas e intervencionistas.

A META DOS SOCIALISTAS / COMUNISTAS BRASILEIROS

Do ponto de vista liberal/capitalista, qualquer tipo de guerra ou guerrilha é prejudicial, em todos os aspectos, à população de um país. A guerra, como pode ser facilmente constatado através dos noticiários, faz subir o preço do petróleo, quando ela ocorre nas regiões de produção. Mas não só o preço do petróleo sobe, como de qualquer mercadoria que tenha de circular na região do conflito. No meio de uma guerra, todas as mercadorias ficam escassas, afetando sobremaneira o abastecimento. E, não me canso de afirmar, produto escasso é produto caro, quer queiram quer não. Isso ocorre porque os esforços produtivos e o capital são direcionados para a produção de artefatos bélicos em detrimento dos produtos necessários para consumo da população e porque o país em guerra diminui o seu comércio interno, se for guerra civil, e diminui o intercâmbio comercial com outros países, se for guerra externa. A divisão do trabalho, que é um dos fatores primordiais para o aumento da produtividade (aumento da produção acima do aumento da população), é sensivelmente diminuída em tempos de guerra, ocasionando produtividade negativa, isto é, a produção passa a diminuir em relação à população, tornando as pessoas cada dia mais pobres. Frequentemente se ouve a afirmação de que o País precisa passar por uma guerra para que encontre as soluções para os seus problemas. Nada mais absurdo. Ideias desse tipo só podem vir de mentes insanas. Quando uma guerra começa, ninguém sabe quando e qual será o seu desfecho. Há países suportando guerras e guerrilhas há décadas, tornando o seu povo empobrecido e mutilado. Normalmente, a guerra é o caminho para a imposição das ideias de um grupo não aceitas pela sociedade em condições normais e para a posterior implantação de um modelo totalitário por parte do vencedor. A guerra é deplorável não só pelo seu lado catastrófico, mortal, mutilador e sangrento, como também pelos resultados econômicos e sociais negativos que produz.

Se observarmos com atenção, poderemos verificar que, além da declaração aberta da vontade de tornar o Brasil um país socialista/comunista a qualquer custo, mesmo que seja pela guerra, como se percebe nas declarações dos seus líderes, publicadas no jornal *Zero Hora*, de Porto Alegre, no qual algumas questões importantes foram abordadas, há um plano paralelo em andamento. Alguns trechos da entrevista:

ZH: A insurreição armada ainda é uma via para se chegar ao socialismo?

Júlio Quadros (ex-presidente do PT no Rio Grande do Sul):

As alternativas estão abertas. Na minha opinião, não há modelo acabado de revolução. Temos de analisar as diferentes experiências históricas, como em Cuba, na China, na União Soviética, no Chile. Ver como se chegou ao poder nesses países, avaliar os acertos e os erros.

Note-se, nos exemplos citados, que em todos os países o poder foi tomado pela luta armada.

ZH: A insurreição armada ainda é uma via para se chegar ao socialismo?

Miguel Rossetto (ex-Vice-Governador do Rio Grande do Sul, e atual Ministro do governo do PT)*:*

A riqueza dos processos históricos mostra que essas alternativas não devem ser excluídas.

O ex-Vice-Governador e atual Ministro de Dilma Rousseff também não descarta a possibilidade de pegar em armas para impor a ditadura socialista/comunista.

ZH: *O processo de transição para o socialismo já começou no Rio Grande do Sul com o governo Olívio Dutra?*

Júlio Quadros: *Talvez sejamos o melhor exemplo de antagonismo aos que estão aí governando o País e o mundo. Aqui existe um processo de ruptura institucional e política. O Rio Grande do Sul é um Estado que já enfrentou momentos históricos significativos, como a Organização dos Sete Povos das Missões, a Revolução Farroupilha e a Legalidade. Pegar em armas não é uma invenção nossa. A humanidade há séculos enfrenta situações dessa natureza.*

Note a gravidade dessa declaração. O ex-Presidente regional do PT diz que a filosofia política e econômica do governo socialista/comunista do Rio Grande do Sul está correta, e o resto do mundo desenvolvido está errado e que, se for necessário, pegarão em armas para impor a ditadura socialista/comunista, pois a humanidade há séculos vem resolvendo os seus problemas pelo uso das armas e através da guerra. Nota-se que a mentalidade socialista/comunista não evoluiu, porque ainda pensam como pensavam os bolcheviques há quase um século. Talvez sempre pensem nas armas por falta de ideias com poder de convencimento das pessoas sensatas. As suas ideias não convencem as pessoas esclarecidas, porque não são ideias racionais. Nem eles próprios estão convencidos; eles simplesmente acreditam. É uma questão de fé. É um fanatismo doentio e perigoso. Um seguidor do socialismo/comunismo de cérebro lavado não sabe mais raciocinar, e tudo o que consegue é repetir *slogans* surrados, gritar palavras de ordem agressivas e se dizer radical, confundindo radicalismo com teimosia e violência. Ser radical é defender as ideias pela sua raiz, pelos seus fundamentos, coisa que os socialistas/comunistas não podem fazer por falta de argumentos que possam ser corroborados pelos fatos. Então, simplesmente teimam e acusam. Aliás, o motivo da queda do socialismo é precisamente este: não teve fundamento, raiz, base para sustentá-lo. O modelo intervencionista do socialismo/comunismo talvez sirva para algum ser de outro planeta, mas não para seres humanos.

Não existe nenhum trabalho com argumentos sólidos no qual esteja descrito o funcionamento e o que impulsiona o progresso econômico em um modelo socialista/comunista. É o assalto ao poder pela força e a divisão da riqueza preexistente. E daí em diante...

Mais um trecho da entrevista:

ZH: Que setores sociais seriam aliados na luta pelo socialismo?

Júlio Quadros: *É conseguir reunir em uma frente todos esses setores sociais que não estão incluídos nessa lógica de mercado que domina o mundo. Os trinta milhões que vivem na miséria absoluta desse País.* (POLÍTICA: partidos. *Zero Hora*, porto Alegre, 21 nov. 1999, p. 16.)

A vontade do Presidente do Partido dos Trabalhadores no Rio Grande do Sul, ainda lá no final do século passado, seria arranjar trinta milhões de metralhadoras, entregar aos trinta milhões de pessoas que eles dizem que vivem na miséria, para que guerreassem contra os outros cento e setenta milhões de brasileiros. As declarações do ex-Presidente Lula e do Presidente da CUT de colocar o seu exército na rua "com armas na mão" não é uma coisa nova; eles já vêm planejando isso de longa data e está cada vez mais próximo de acontecer se o povo de bem não tomar uma atitude.

Enquanto as armas não chegam, há um plano paralelo, um movimento sistemático muito bem orquestrado de lavagem cerebral, também com o objetivo final da implantação do sistema socialista/comunista no Brasil.

Trecho da coluna do comentarista político José Barrionuevo sobre as apostilas fabricadas pelo PT através da Secretaria da Educação para a realização de concurso público para professores do Estado:

[...] Para entender o conteúdo político, basta referir algumas frases do polígrafo que cita 31 vezes a palavra participativo, *estimula a*

> *luta de classes e coloca o trabalho desenvolvido pela Secretaria de Educação de Porto Alegre como modelo:*
> *"O ponto de partida para o processo participativo está na formação do que chamamos de grupo de incentivação."*
> *"Antes de tudo é necessário entender a escola como instrumento de politicidade."*
> *"O Estado nesta visão socialista democrática precisa exercer uma ação fazendo valer as regras definidas socialmente."*
> *"A certeza de que mudando passo a passo, em uma certa direção, poderemos* **operar a grande mudança**". *(destaque meu).* (BARRIONUEVO, José. "Oito mil vagas para militantes de esquerda". *Zero Hora*, Porto Alegre, 12 jan. 2000, p. 10.)

Existem algumas palavras de que os socialistas/comunistas gostam muito e das quais se apoderam, tentando transformar o seu significado. São palavras-chave que funcionam como iscas para fisgar desvalidos do conhecimento e do raciocínio. *Participativo* e *cidadania* são palavras que adoram. Esses socialistas/comunistas aqui de Porto Alegre se dizem os inventores do *Orçamento Participativo*. Na verdade, ele já havia sido posto em prática por Lennin e seus camaradas, só que com outro nome: *Sovietes*. Foi colocado em funcionamento no início da implantação do socialismo/comunismo, na ex-URSS. Só no início. Depois ninguém mais participou de nada. Tal como o imposto progressivo e outras receitas, o *Orçamento Participativo* é provisório, porque depois de implantado o sistema socialista/comunista isso não será mais necessário, pois **as mentes superdotadas dos camaradas da cúpula resolverão todos os problemas**, nem que para isso tenham de eliminar grande parte da população.

Todos nós estamos cansados de saber que um País cujo povo não tem uma boa formação educacional terá enormes dificuldades para se desenvolver. A educação é fundamental para uma real conscientização política do indivíduo e para a formação de mão de obra qualificada, cada vez mais exigida para a integração com as novas tecnologias. No entanto, só a educação não basta. Se tivermos um País de doutores, mas sem o clima de liberdade econômica e política favorável ao desenvolvimento, teremos um País de doutores miseráveis. Ademais, educação não é a pregação do socialismo/comunismo dentro das escolas. Não é transformar as escolas em comitês do partido único. Isso é um golpe sujo pior do que a lei do voto aos 16 anos. Todos nós sabemos que a maioria dos adolescentes de 16 anos não está suficientemente madura e esclarecida para escolher os governantes. Não é sábio deixar que as pessoas menos experientes e que mais se deixam levar pelas emoções possam tomar as decisões sobre o futuro de uma nação. Guardadas as proporções, é mais ou menos como se os pais deixassem que os seus filhos de quatro, seis e oito anos tomassem as decisões da família na solução dos problemas cotidianos. Isto é, no mínimo, uma irresponsabilidade. Mas, os lobos socialistas/comunistas sabem o que querem. Eles querem o poder a qualquer custo. Esses inescrupulosos sabem que quanto mais tenra for a criança, melhor funciona a lavagem cerebral, mais fácil de ser transformada em massa de manobra.

Se for para politizar as escolas, então vamos mostrar os dois lados da moeda. Aliás, vai aqui a sugestão para que algum deputado proponha uma lei tornando obrigatório aulas de economia em todas as escolas brasileiras. Poderíamos ter uma disciplina de economia socialista e outra de economia capitalista, cada uma apresentando as suas teorias e os seus resultados históricos. Poderíamos mostrar às crianças para onde o socialismo/comunismo levou a ex-União Soviética. Poderíamos mostrar a sua renda *per capita*. Poderíamos mostrar também a renda *per capita*, os índices de mortalidade infantil e os outros indicadores econômicos e sociais da Coreia do Norte, da China, do Vietnã. Também poderíamos mostrar a renda *per capita* e os indicadores dos Estados Unidos, da Coreia do Sul, da Inglaterra e de outros países capitalistas. Não deveríamos mentir para as nossas crianças, dizendo que o Brasil é um País capitalista e que por isso somos pobres. Poderíamos mostrar a elas que o Brasil sofre com a intervenção econômica e a estatização há décadas.

Poderíamos mostrar as condições de vida e o grau de liberdade das pessoas em cada um desses países, e os métodos políticos e econômicos utilizados por eles. Aí, então, as nossas crianças poderiam ter uma noção para as futuras escolhas políticas.

Onde um socialista/comunista consegue se instalar no poder, como foi o caso da Prefeitura de Porto Alegre e do governo do Estado do Rio Grande do Sul, a máquina do poder passa a ser usada no sentido de doutrinar todos os servidores públicos e funcionários de estatais com a tradicional lavagem cerebral. Usam o aparato estatal para fazer a doutrinação. E, para um cidadão normal se tornar um funcionário público, terá que estudar pela cartilha dos autores socialistas/comunistas, cuja bibliografia é exigida para a prestação dos concursos públicos. Isso significa que, para o cidadão conseguir um emprego público, tem que se tornar socialista/comunista ou pelo menos fingir que concorda com o sistema.

O lema é jamais privatizar, afugentar possíveis grandes empresas privadas que pretendam se instalar no território dominado e estatizar sempre que for possível. Com tais diretrizes, a economia de mercado será passo a passo engolida pelo Estado e haverá cada vez mais pessoas arrebanhadas e à disposição para serem doutrinadas pelo aparelho socialista/comunista do Estado. Ora, uma vez que o objetivo final é a estatização de todos os meios de produção, quando o objetivo for alcançado, para que o cidadão consiga um emprego, terá de concordar em gênero e número com o governo, ou seja, com o partido. No âmbito federal o plano é semelhante, com a ocupação de postos importantes na área da Justiça e nas empresas estatais. É assim que pretendem, passo a passo, **operar a grande mudança** de que falava a cartilha do governo Olívio Dutra. A essa altura não será mais a competência o principal fator levado em consideração para que o cidadão consiga um emprego e progrida na vida e, sim, se pertence ao partido ou não. No sistema socialista/comunista, o pré-requisito número 1 para subir na vida é ser filiado ao partido comunista (papel que na versão brasileira está sendo desempenhado pelo Partido dos Trabalhadores); caso contrário muita coisa ruim poderá lhe acontecer.

Os formadores de opinião

Qualquer país que pretenda atingir bons níveis de desenvolvimento não pode permitir que sua intelectualidade adira ao senso comum. Quando isso ocorre é porque o bom-senso foi vencido pela tentação demagógica ou pela ignorância. Um país que não tenha uma elite econômica – não esta formada por empreiteiras em conluio e com a proteção do governo, mas uma elite autônoma sem ajuda e sem a perseguição do governo – não consegue proporcionar um bom padrão de vida ao grosso da população. Mas há os formadores de opinião que clamam pelo igualitarismo, ignorando as leis econômicas. O papel da elite intelectual seria mostrar aos menos informados que há uma **ciência** econômica, e que ela não pode ser ignorada. Enquanto essa elite intelectual, formadora de opinião, não compreender isso, o País não sai do buraco. As leis econômicas não foram criadas por capitalistas malvados, nem por políticos insensíveis; elas sempre existiram, desde os tempos das cavernas. É como a lei da gravitação universal. Mas muitas maçãs caíram sem que ninguém descobrisse, até que Newton a enunciou. As leis econômicas, que sempre existiram, foram também enunciadas pelos pensadores liberais pós-iluministas. É preciso que se as observe. O capitalismo não é uma invenção humana; ele sempre existiu. Ele é da natureza humana. E quando suas leis são contrariadas, o crescimento diminui e o povo sofre as consequências.

Como sabemos, o nível de instrução escolar do brasileiro, infelizmente, é muito baixo. A maioria da população tem a sua opinião formada por terceiros. Pelos comunicadores de televisão, de rádio, pelos artistas, por líderes sindicais, líderes comunitários e pela Igreja. Quando o assunto é economia, deveria ser levado muito a sério, principalmente pelos comunicadores de massa. Porque eles, indiretamente, terão forte influência no destino do País. Angustia-me ver o rumo que essas elites intelectuais e os políticos retrógrados ou demagogos querem dar ao nosso País. Qual a formação econômica do Chico Buarque, do Luiz Fernando Verissimo ou do Caetano Veloso? Pelo fato de serem famosos e bem-sucedidos em suas carreiras artísticas não significa que possam ser transformados em *experts* em economia brasileira. Mas se o sujeito é famoso, qualquer porcaria que ele diga, mesmo que não tenha nenhum fundamento, passa a ser uma verdade por poucos contestada. E eles aproveitam sua popularidade para disseminar ideias equivocadas. Sabe-se que alguns famosos fazem isso por interesse próprio, porque são, de alguma forma, remunerados pelos poderosos do governo, beneficiados por leis esdrúxulas, ONGs e outros artifícios, outros, ainda, por ignorância mesmo. Uma atitude decente desses artistas seria dizer: *Olha, não estudei este tema a fundo, por isso prefiro não opinar.*

Há duas principais correntes de pensamento sobre política econômica. Uma que defende o sistema da economia estatal, planejada e controlada pelo Estado, e outra que defende o sistema da economia de livre mercado. Todo cidadão deveria ter condições de estudar os dois sistemas e funcionar como um juiz na hora de decidir (votar) qual dos dois será colocado em prática. Se a maioria da população não tem condições de fazer isso, pelo menos no momento esse papel cabe aos comunicadores, aos formadores de opinião. Mas, o que se vê e se ouve são comentaristas de futebol dando pareceres apaixonados sobre economia, misturando paixão com razão. Artistas fazendo letras de músicas, nas quais consideram a economia de mercado como um sistema matemático de soma zero, em que para um ganhar o outro tem de perder, numa infeliz mistura de arte com números econômicos. Padres pregando o socialismo dentro das igrejas, misturando religião com política.

A Igreja é um pouco diferente dos outros formadores de opinião, porque ela é mais antiga e em muitos períodos da História se confundiu com o próprio poder. Há bastante tempo que a Igreja, ou parte dela, vem atrapalhando e retardando o progresso da humanidade. A Igreja está sempre há duzentos ou trezentos anos atrás da ciência e do progresso. Quando Galileu ousou anunciar que era a Terra que girava ao redor do sol, e não o sol que girava ao redor da Terra, foi condenado pela Igreja a ser queimado na fogueira da *Santa Inquisição*. Galileu teve de se retratar para se livrar da acusação de bruxaria e da fogueira. Agora, há poucos dias, formalmente, a Igreja pediu perdão, admitindo a razão de Galileu. Trecho do livro *Vidas de Grandes Cientistas*, de Henry Thomas e Dana Lee Thomas:

> *[...] Mas a inquisição impôs a sua vontade. A 22 de junho de 1633 Galileu foi obrigado a abjurar da crença no movimento da Terra. "Diante dos Santos Evangelhos que toco com as mãos, juro que... rejeito e abomino minhas anteriores heresias... confesso que o meu erro foi cometido por vã ambição e pura ignorância... Agora afirmo e juro que a terra não se move em torno do sol...* (THOMAS, 1965, p. 45.)

Quando uma criança olha para o céu, ela tem a nítida visão e a certeza de que o sol passa girando por cima da terra. Isso é o que aparenta ser a verdade para uma criança de hoje ou para um sábio de alguns séculos atrás. É muito difícil convencer as pessoas induzidas a acreditarem em uma visão simplista do mundo visível, de que a coisa nem sempre é o que aparenta ser. Quando vemos pessoas muito ricas e outras muito pobres, a conclusão simplista e apressada é de que a pobreza do pobre é culpa da riqueza do rico.

Assim, uma ala da Igreja e todos os anticapitalistas que conspiram para impedir o avanço da ciência e do progresso, mais uma vez se equivocam quando tomam partido em relação aos sistemas político-econômicos, através de uma análise simplista, optando pela condenação da economia de mercado, acusando-a de causadora da pobreza. Talvez daqui a uns duzentos ou trezentos anos a Igreja e o resto dos atuais inquisidores reconheçam o seu erro e peçam perdão. Até lá haverá muita miséria e muitos morrerão de fome.

Quando discutimos sobre certos assuntos, sempre vem aquela expressão de que *ninguém é dono da verdade*. Mas a verdade é uma só, e em certas questões alguém está com a razão e o outro lado está errado, como no caso de Galileu. Naquele episódio, Galileu era o único dono da verdade, a qual, hoje, ninguém mais pode contestar, nem a Igreja. Naquela época, os representantes da Igreja não haviam estudado astronomia, assim como os de hoje não estudaram economia. Quanto tempo, quanta miséria e quantas mortes serão ainda necessárias para que as pessoas compreendam que o capitalismo é a verdade, o progresso e a liberdade, enquanto que o intervencionismo socialista é a mentira, a ilusão, o atraso econômico e a escravidão? Podemos pensar que hoje também existem economistas intervencionistas e socialistas, mas temos de lembrar que naquela época também havia cientistas geocentristas.

Quando proponho que as pessoas estudem os sistemas político-econômicos antes de emitirem suas opiniões, pelo menos as elites, os formadores de opinião, é porque estou convicto de que a maioria daqueles que condenam a economia de mercado mudará de opinião, assim como eu também mudei. Para estudar filosofia econômica não é necessário ser economista, mas antes saber entender o espírito motivador da ação humana, pois a economia de mercado é movida por pura ação humana individualista interesseira. Aliás, é comum a mudança de um socialista se transformando em liberal. Há vários exemplos. O jornalista Paulo Francis, conhecido pelos seus comentários sarcásticos contra o socialismo, era, quando jovem, militante comunista. Só mudou de opinião quando foi morar nos Estados Unidos e visitou a União Soviética. Colocou o cérebro para funcionar, comparou os dois sistemas, viu o que cada um produzia e concluiu: "Ser comunista, hoje, exige um ato de fé sobre-humana".

Mas o caso mais recente e surpreendente diz respeito ao poeta e ex-militante do Partido Comunista Brasileiro (PCB) Ferreira Gullar. Seus infantis seguidores ficaram sem entender a sua nova posição político-ideológica e se perguntam atônitos: "o que aconteceu com Ferreira Gullar?" O que aconteceu com Gullar foi que ele cresceu, saiu da infância política, deixou de agir como um torcedor fanático. Amadureceu, abandonou os *slogans*, questionou, raciocinou, ponderou e concluiu. Foi de uma humildade e de uma coragem exemplar a sua atitude em reconhecer o seu erro ideológico durante quase toda a sua vida e passar a defender ideias diametralmente opostas àquelas que defendia antes. Ferreira Gullar, agora, é um defensor do capitalismo:

> *O que está errado é achar, como Marx diz, que quem produz a riqueza é o trabalhador e o capitalista só o explora. É bobagem. Sem a empresa, não existe riqueza. Um depende do outro. O empresário é um intelectual que, em vez de escrever poesias, monta empresas. É um criador, um indivíduo que faz coisas novas. A visão de que só um lado produz riqueza e o outro só explora é radical, sectária, primária. A partir dessa miopia, tudo o mais deu errado para o campo socialista. Mas é um equívoco concluir que a derrocada do socialismo seja a prova de que o capitalismo é inteiramente bom. O capitalismo é a expressão do egoísmo, da voracidade humana, da ganância. O ser humano é isso, com raras exceções. O capitalismo é forte porque é instintivo. O socialismo foi um sonho maravilhoso, uma realidade inventada que tinha como objetivo criar uma sociedade melhor. O capitalismo não é uma teoria. Ele nasceu da necessidade real da sociedade e dos instintos do ser humano. Por isso ele é invencível. A força que torna o capitalismo invencível vem dessa origem natural indiscutível. Agora mesmo, enquanto falamos, há milhões de pessoas inventando maneiras novas de ganhar dinheiro. É óbvio que um governo central com seis burocratas dirigindo um país não vai ter a capacidade de ditar rumos a esses milhões de pessoas. Não tem cabimento.* (Veja, 26/9/2012, p. 17 e s.)

A frase de Georges Clemenceau, jornalista e político francês, escancara a realidade humana: "Um homem que não seja um socialista aos 20 anos não tem coração. Um homem que ainda seja um socialista aos 40 não tem cabeça." Socialistas jovens são até aceitáveis devido a sua inexperiência, mas quando vejo um socialista idoso penso na frase de Clemenceau. Há um provérbio chinês que diz: "O burro não aprende, o inteligente aprende com os próprios erros, o gênio aprende com os erros dos outros". Portanto, quanto mais cedo o sujeito deixar de ser socialista, maior é a sua inteligência. A evolução social do homem, com avanços e retrocessos, vai nessa direção. Porém, a transformação de um liberal em socialista não se verifica. Isso é um sinal da lei da evolução das espécies. Não há metamorfose no sentido de regressão da natureza. As transformações são sempre evolutivas. Por isso é impossível um liberal se transformar em um socialista. A velocidade da evolução e do amadurecimento de cada indivíduo se relaciona a sua idade e a sua capacidade de absorção de novas ideias que substituam os preconceitos. Já li, em algum lugar, que um sujeito normal que aos vinte anos é incendiário aos quarenta se transforma no bombeiro. Mas há alguns exemplares da espécie humana que não evoluem nada durante toda a vida. Chegam aos oitenta anos de idade e ainda são socialistas/comunistas. Devido a essas falhas da natureza é que o mundo não está em um estágio mais avançado de desenvolvimento. Existem sempre exemplares que não evoluíram e contaminam as gerações mais novas, que são suscetíveis e vulneráveis a ideias mais apaixonantes e menos racionais.

Conclusão

Vivemos em um país maravilhoso, privilegiado pela natureza. Se tivéssemos salários mais altos para o grosso da população, e segurança pública, isto aqui seria o paraíso. Mas por que nunca atingimos esses objetivos? Porque as políticas econômicas estão erradas. Os governantes pensam que eles é que têm que resolver os problemas de cada indivíduo, e vultosas somas são entregues para serem administradas pelos políticos. Assim, altos volumes de dinheiro (quase 40% do PIB) são mal empregados, e a corrupção é um convite constante.

Até no futebol se percebe nossa fragilidade econômica. Garotos de 15 anos ou menos estão indo embora, porque os clubes brasileiros não conseguem fazer frente às propostas vindas de países desenvolvidos.

Tudo isso ocorre porque a nossa economia vai mal. Quando a economia de um país vai bem, tudo o mais vai relativamente bem. Nada disso é novidade para você, não é verdade? Mas o que é preciso fazer para que o Brasil saia da situação em que se encontra? Fiz uma relação de providências a serem tomadas:

1. Reverter a curva ascendente da carga tributária. Cada governo que assume aumenta um pouquinho a carga de impostos. Há alguns anos pagava-se 20% do PIB, hoje se paga quase 40%.

2. Estabelecer uma meta de carga tributária mínima possível a ser atingida. Há estudos que indicam 20% como sendo um percentual ótimo. Isso significa maior reinvestimento de capital no setor produtivo e menos no setor improdutivo da sociedade.

3. Automatizar e simplificar o sistema de arrecadação tributária. Para não gastar uma grande parte daquilo que arrecada com o próprio sistema de arrecadação.

4. Criar o sistema de vale-educação (*voucher*), nos moldes do sistema chileno. Com o vale na mão, o aluno poderá escolher a escola que melhor o atenda. Assim aumentará a concorrência entre as escolas para conquistar o estudante. Melhores serviços serão prestados, tanto pelas escolas públicas quanto pelas particulares. Educação de qualidade é fundamental, mas sem doutrinação ideológica.

5. Privatizar **todas** as empresas estatais, inclusive o mito Petrobras. Porque isso vai aumentar a eficiência nas empresas e eliminar automaticamente a corrupção que sempre nelas existiu. A monopolística Petrobras é vista por todos como muito benéfica ao Brasil. Ledo engano. Se tivéssemos várias empresas particulares concorrendo entre si, não precisaríamos pagar quase 4 reais por um litro de gasolina; nos EUA, onde há competição, paga-se 1,33 real por litro, apesar de a renda americana ser muito superior à nossa. Evitar-se-ia também o uso político dessas empresas, que são verdadeiros antros de roubalheira e corrupção.

6. Eliminar o conluio entre o governo e as grandes empresas privadas. O livre mercado é quem deve decidir quais as que vão sobreviver, e não o governo.

7. Tornar os órgãos públicos mais eficientes, aplicando a gestão meritocrática. Significa menos gastos com o setor improdutivo da sociedade.

8. Jamais tabelar e controlar preços, mesmo dos remédios. Porque os controles de preços sempre causam efeitos contrários aos pretendidos.

9. Manter um controle rigoroso sobre a emissão de moeda e crédito. Porque a emissão de dinheiro sem lastro é a única causa da inflação e das bolhas econômicas.

10. Permitir a emissão de moedas privadas concorrentes. Para não dependermos de políticos cuidando da estabilidade econômica do País.

11. Viabilizar a acumulação de capital via planos de aposentadorias particulares. Além de garantir uma aposentadoria tranquila, a acumulação de capital gera empregos e aumenta salários.

12. Retirar as barreiras à entrada e saída do capital internacional. Porque o capital não vai aonde existe a possibilidade de ficar preso.

13. Acabar com a punição tributária à lucratividade das empresas. É burrice taxar o lucro. É limitar o investimento, mesmo dos bancos. Empresas que geram lucro podem ampliar as suas instalações e aumentar a produção, gerando mais e melhores empregos. O lucro gerado pelos bancos não vai para a barriga do banqueiro. Vai aumentar o estoque de capital acumulado, derrubando a taxa de juro.

14. Aumentar o rigor da legislação e punir exemplarmente os criminosos. O ser humano é um explorador nato e não vê limites para aumentar o seu poder.

15. Retirar a influência marxista sobre a legislação trabalhista. Se Marx estava equivocado, por que deixar que sua doutrina continue a causar estragos na economia e a prejudicar os trabalhadores?

16. Extinguir o salário mínimo. Porque o tabelamento do salário é um dos fatores que impedem o seu próprio crescimento.

17. Garantir proteção à propriedade privada. Porque ninguém terá estímulo ao ver o resultado de seu esforço ser destruído ou subtraído por malandros travestidos de benfeitores da sociedade.

Para fazer o Brasil crescer, esse conjunto de medidas é indispensável. Não basta uma medida ou outra. É o conjunto que fará a diferença. O conjunto das medidas é que proporcionará o aumento da produção em um ritmo superior ao crescimento populacional. Isso significa aumento da produtividade, ou seja, aumento do padrão de vida da população.

A sociedade sabe encontrar o caminho do progresso; basta que o governo não atrapalhe.

Bibliografia

HAYEK, Friedrich August von. *O caminho da servidão*. Rio de Janeiro: Instituto Liberal, 1990.
___. *Direito, legislação e liberdade*. São Paulo: Visão, 1985.
___. *Desestatização do dinheiro*. Rio de Janeiro: Instituto Liberal, 1986.
MARX, Karl & ENGELS, Friedrich. *Manifesto do Partido Comunista, 1848*. Porto Alegre: L&PM, 2001.
MARX, Karl. *O capital*. São Paulo: Nova Cultural, 1988.
MISES, Ludwig von. *As seis lições*. Rio de Janeiro: Instituto Liberal, 1989.
___. *A mentalidade anticapitalista*. Rio de Janeiro: José Olympio, 1987.
___. *Liberalismo segundo a tradição clássica*. Rio de Janeiro: José Olympio, 1987.
ROTHBARD, Murray N. *Esquerda e direita – perspectivas para a liberdade*. Rio de Janeiro: José Olympio, 1986.
SCHUETTINGER, Robert L. BUTLER, Eamonn F. *Quarenta séculos de controles de preços e salários*. São Paulo: Visão, 1988.
SMITH, Adam. *A riqueza das nações*. São Paulo: Nova Cultural, 1988.
SORMAN, Guy. *O Estado mínimo*. Rio de Janeiro: Instituto Liberal, 1988.
THOMAS, Henry & THOMAS, Dana Lee. *Vidas de grandes cientistas*. Porto Alegre: Globo, 1965.